Edeltraud Rückert

Die Erfolgsdiät
Low Carb Light

Mehr als 100 leichte, delikate Rezepte

Abnehmen mit wenig Kohlenhydraten

Verlag Ernst Kaufmann

Inhalt

Liebe Leserin, lieber Leser,

gibt man bei Google im Internet die Stichworte „Low Carb" („Kohlenhydratminimierung") ein, landet man bei rund 11 Millionen Treffern! Low Carb ist also „in aller Munde" – genau genommen jedoch gerade nicht im Mund, denn bei einer Low-Carb-Diät verzichtet man in der Ernährung ja auf einen Großteil der Kohlenhydrate.

Mein erstes Kochbuch „Die Erfolgsdiät – Das Kochbuch nach Low Carb" habe ich im Jahr 2005 veröffentlicht. Es liegt mittlerweile in der 7. Auflage vor – mit einem derart großen Erfolg hatte ich nicht gerechnet. Allen Leserinnen und Lesern möchte ich daher auf diesem Weg ganz herzlich danken!

Im Laufe der Jahre habe ich immer wieder Zuschriften von Lesern erhalten, die geschrieben haben, sie hätten das erste Buch mehrmals rauf und runter gekocht, jetzt wünschten sie sich einfach einmal neue Rezepte und Inspirationen. Monotonie ist das Ende jeder gesunden Ernährung! Also habe ich mich wieder an die Arbeit gemacht – das Ergebnis halten Sie in den Händen.

Wer aber ist eigentlich dieses „Ich", das Ihnen da auf 144 Seiten 116 kohlenhydrat- und fettreduzierte Gerichte präsentiert? Zunächst einmal bin ich überzeugte „Low Carberin". Wozu mich eigentlich mein Mann gemacht hat: Denn nach vielen Diäten, bei denen er erfolgreich abgenommen hatte, hatte er immer wieder ebenso erfolgreich (und mehr) zugenommen. Woraufhin ich Low Carb für ihn kochte – und er endlich dauerhaft sein Wunschgewicht erreichte. Das Handwerk der Köchin habe ich in einem bekannten badischen Hotel gelernt, anschließend habe ich jahrelang in einer Diätküche gearbeitet. Ach, und 2 Kinder habe ich auch noch groß gefüttert. Genug Erfahrungen, wie ich finde, um ein bzw. jetzt ein zweites Kochbuch zu schreiben.

Brauchen wir keine Kohlenhydrate?
Eine Körperzelle kann kein Schnitzel, kein Gemüse und keine Nudeln essen. Um funktionieren zu können, ist die Zelle auf Fettsäuren, Aminosäuren, die „richtigen" Kohlenhydrate, Mineralstoffe und Spurenelemente angewiesen. Diese kleinsten Bausteine gewinnt die Zelle aus den Lebensmitteln, die wir täglich zu uns nehmen. Der bekannte Spruch „Der Mensch ist, was er isst" stimmt also.

Eiweiße und Fette gehören zu den essenziellen Bestandteilen der Nahrung. Das bedeutet, dass sie unser Körper nicht selber herstellen kann und wir sie von außen zuführen müssen. Ganz anders bei den Kohlenhydraten: Diese kann der Körper selber produzieren.

Rein entwicklungsgeschichtlich gesehen, dienen Kohlenhydrate dazu, für den Notfall Kraftreserven zur Verfügung zu stellen. Beispielsweise, wenn wir auf der Flucht sind. Im Gegensatz zu unseren Vor-Vorfahren müssen wir heute allerdings eher selten vor einem Säbelzahntiger davonlaufen, ein Bison jagen oder mit Feinden kämpfen. Nur hat unser Körper das leider noch nicht gelernt …

Die „richtigen" Kohlenhydrate
Im Rahmen der „normalen" Ernährung fallen einem unter dem Stichwort „Kohlenhydrat-Quelle" sofort Nudeln, Kartoffeln und Brot, aber auch Früchte und Gemüse ein. Doch Kohlenhydrat ist nicht gleich Kohlenhydrat. Und deshalb heißt es auch „Low Carb" und nicht „No Carb"! Unser Stoffwechsel reagiert nämlich sehr unterschiedlich auf den molekularen Aufbau des Kohlenhydratlieferanten. Grundsätzlich steigt der Blutzuckerspiegel, wenn wir Kohlenhydrate zu uns nehmen. Die Bauchspeicheldrüse gibt daraufhin Insulin ab, was wiederum dazu führt, dass sich die Körperzellen für die Aufnahme der Kohlenhydrate und anderer Nährstoffe öffnen. Sind die Speicher gefüllt, wird der Restzucker zu Fett umgebaut und als Reserve für „schlechte Zeiten" in den Fettzellen gespeichert.
Entscheidend ist die Geschwindigkeit, mit der der Blutzuckerspiegel steigt. Dieser steigt nur langsam an, wenn Sie beispielsweise ein halbes Kilo Gemüse essen. Denn stärkefreies Gemüse enthält vor allem komplexe Kohlenhydrate, die der Körper zunächst einmal zerlegen muss. Daher bleibt der Blutzuckerspiegel längere Zeit

auf einem Niveau. Essen Sie die gleiche Menge Kalorien in Form von knusprigen, weißen Brötchen, steigt der Blutzuckerspiegel hingegen sehr rasch an, um fast ebenso schnell wieder abzusinken. Wir bekommen Heißhunger – und dieser ist unser größter Feind!

Eiweiße und Fette können uns helfen: Kombiniert man in einer Mahlzeit Eiweiße und Kohlenhydrate, also etwa Fleisch oder Fisch mit Gemüse, wie dies in vielen meiner Rezepte der Fall ist, dann verhindert das Eiweiß den zu raschen Anstieg des Blutzuckerspiegels. Auch Fette, also gesättigte und ungesättigte Fettsäuren, halten den Blutzuckerspiegel in der Balance. Sie sorgen dafür, dass Kohlenhydrate langsamer an das Blut abgegeben werden. Was dazu führt, dass das Sättigungsgefühl länger anhält – praktisch, oder nicht?

Was mir wichtig ist

Viele, die mein erstes Kochbuch gekauft haben, haben ihre Meinung darüber in Onlinerezensionen geäußert. Eine Leserin beispielsweise schrieb: „Dieses Buch ist mein Lieblings-Kochbuch geworden. Es sind tolle Rezepte drin, die einfach nachzukochen sind. Viele davon benötigen relativ wenig Zeit, was mir sehr entgegenkommt. Außerdem schmecken alle Rezepte, sogar meine Kinder essen mittlerweile alles, was ich aus diesem Buch koche. Seitdem brauche ich für sie gar nicht mehr extra zu kochen." Ein Anderer meinte: „Klare Aussagen, umsetzbar inklusive Rezeptteil für Sportler und Nichtsportler. Empfehlenswert für Leute, die ernsthaft und vor allem auch dauerhaft ihr Wohlfühlgewicht erreichen wollen." Diese beiden Leser sprechen mir aus der Seele, denn die Ziele meines ersten Kochbuches sind: Überflüssige Pfunde loszuwerden, das erreichte Gewicht dauerhaft zu halten – und dabei den Spaß am Essen nicht zu verlieren.

Bei der Ausarbeitung der Rezepte für mein zweites Kochbuch bin ich jedoch noch einen Schritt weitergegangen. Das Prinzip lautet nicht nur „Low Carb" sondern „Low Carb Light". Wobei sich das „Light" auf den in den Gerichten enthaltenen Fettanteil bezieht. Diesen habe ich, wo immer möglich, reduziert. Ohne dabei aber den positiven Effekt der Fet-

te (siehe oben) und einen anderen, sehr wichtigen Faktor aus den Augen zu verlieren: den Geschmack. Nach dem Motto: So lecker kann Low Carb Light schmecken.

Alle Gerichte habe ich selber entwickelt, gekocht und gegessen – in der heimischen Küche. Zu meiner Ausstattung gehören übrigens auch nur ein Herd mit vier Kochplatten und ein Backofen. Und um es Ihnen so einfach wie möglich zu machen, habe ich die Beschreibungen so kurz und sachlich wie es ging gehalten. Außerdem verwende ich nur Zutaten, die Sie (fast) überall kaufen können, also auch im Supermarkt um die Ecke. Sie müssen auch keine Ausbildung zum Koch absolviert haben, um abnehmen zu können. Denn alle Gerichte sind einfach nachzukochen. Und ganz wichtig: Es dauert auch nicht lange, diese zuzubereiten. (Die gewonnene Zeit können Sie dann für ein bisschen Bewegung nutzen…)

Was aber alles nicht heißt, dass Sie für meine Vorschläge von Ihrer Familie oder Ihren Freunden kein Lob bekommen werden! Probieren Sie es aus, laden Sie Freunde und Bekannte ein und sagen Sie nicht, dass Sie Low Carb kochen. Sie werden sehen: Ihre fein abgeschmeckten Gerichte werden auch andere überzeugen.

Damit Sie nie die Übersicht verlieren, hat jedes Rezept außerdem eine eigene Nährwerttabelle mit Angaben zu den Kilokalorien (kcal) und Kilojoule (kj) sowie den jeweiligen Anteilen an Fett, Eiweiß und Kohlenhydraten.

Was können Sie verlieren?

In erster Linie natürlich überflüssige Pfunde. Aber bitte: Stecken Sie sich realistische Ziele – und vor allem gesunde. Sie müssen essen! (Aber Sie müssen nicht aufessen, wenn Sie schon satt sind.) Jeder Mensch nimmt in der für ihn typischen Geschwindigkeit ab. Diese ist abhängig davon, wie sein Stoffwechsel „getaktet" ist. Wenn Sie es zum Beispiel schon häufiger mit „normalen" Diäten versucht haben, kann es sein, dass Ihr Körper eher langsam reagiert. Dennoch: Wer geduldig und beharrlich ist, wird mit Low Carb sein Ziel erreichen. Ich empfehle allen, die ihre Ernährung auf Low Carb umstellen wollen, sich vorher vom Arzt untersuchen zu lassen. Stimmen die Blutwerte nicht, lassen Sie die Finger davon. Wichtig, wichtig, wichtig: Diese Form der Ernährung ist nicht geeignet für Schwangere, Kinder und Menschen, die an einer gestörten Nierenleistung oder einer Nierenschädigung leiden. Menschen mit einer krankhaften Essstörung benötigen professionelle Hilfe, auf keinen Fall aber eine Low-Carb-Diät.

Apropos Niere: Damit wären wir beim nächsten wichtigen Punkt – dem Trinken! Forscher der Berliner Charité haben herausgefunden, dass bei übergewichtigen Menschen allein das Trinken von täglich 1,5 bis 2,2 Litern Leitungswasser (der Menge, die Sie unbedingt trinken sollten!) den Energieumsatz um bis zu 100 Kilokalorien erhöht. Auf das Jahr hochgerechnet entspricht das etwa vier bis fünf Kilogramm Fettgewebe! Verzichten Sie nicht auf diese wirklich sehr einfache Möglichkeit, Gewicht zu verlieren.

Für alle, die finden, dass Leitungswasser zu langweilig schmeckt, hier ein Tipp: Einfach ein paar Scheiben Limetten, Zitronen und/oder Orangen (ungespritzt) in eine Karaffe geben, Leitungswasser dazu und eine halbe Stunde ziehen lassen. Schon hat das Wasser einen angenehm erfrischenden Geschmack.

Essen Sie sich satt –

mit überwiegend Fisch, Geflügel, Fleisch, Wurst, Schinken, Käse, Eiern, Gemüse, Salat, einigen Obstsorten und verschiedenen Milchprodukten. Schöpfen Sie aus dem vollen Angebot, lassen Sie sich von den Rezepten inspirieren und probieren Sie auch Neues aus. Vielfalt ist in diesem Fall Trumpf! Und lässt Sie nicht so leicht zu alten Gewohnheiten zurückkehren.

Davon lassen Sie die Finger:

Zucker, Süßigkeiten, zuckerhaltige Getränke und zuckerhaltige Süßspeisen sind nicht erlaubt. Reduziert werden müssen alle stärkehaltigen Lebensmittel wie Teig- und Backwaren aus Weißmehl, Reis, einige Obst- und Gemüsesorten sowie verschiedene Hülsenfrüchte. Die meisten Menschen, die auf „Low Carb" umsteigen wollen, können sich nicht vorstellen, das tägliche Brot und die geliebte Sättigungsbeilage wegzulassen. Es geht, ich verspreche es!

Noch ein Wort zum Frühstück

Auf Frühstücksrezepte habe ich in diesem Buch weitgehend verzichtet. Grundsätzlich gilt: Sie dürfen alles essen – außer Müsli oder Marmeladenbrot. Wie wäre es etwa mit Rühreiern, kombiniert mit Gemüse, geräuchertem Lachs oder Forelle? Oder genießen Sie eine bunte Käsevielfalt – gerne mit Obst, Tomaten oder Gurken. Auch Wurst können Sie essen, aber bitte nicht zu viel.

Bewegung gehört dazu

Ich möchte abnehmen – schon der Gedanke daran setzt manche Menschen unter Stress. Und jetzt heißt es auch noch: Ich soll mich mehr bewegen – wo ich doch schon immer ein Sportmuffel war. Noch ein Stressfaktor. Was wahrscheinlich dazu führt, dass Sie Ihr Abnehm-Programm beenden. Oder es vielleicht gar nicht erst beginnen? Deshalb hier mein Rat: Machen Sie einen Schritt nach dem anderen. Überfordern Sie sich und Ihren Körper nicht! Genießen Sie doch erst einmal das wunderbare Gefühl, ein paar Kilo weniger auf die Waage zu bringen. Genießen Sie es, dass der Hosenbund ein bisschen weiter geworden ist. Und seien Sie so richtig stolz auf sich!

Sie haben den ersten, den schwersten Schritt geschafft – warum sollte es jetzt nicht auch mit dem nächsten klappen? Überlegen Sie, was Sie als Kind schon immer gern gemacht haben. Welcher Bewegungstyp sind Sie? Haben Sie es geliebt, mit anderen draußen herumzurennen? Dann ist ein Mannschaftssport vielleicht das richtige für Sie. Oder haben Sie lieber allein zu Hause getobt? Dann treiben Sie vielleicht nicht gerne mit anderen Sport. Sportmöglichkeiten und Sportprogramme gibt es wie Sand am Meer – es wäre doch gelacht, wenn nicht auch etwas für Sie dabei wäre.

Übrigens: schon etwa um 400 v. Chr. ist die zum „Codex Hippocraticum" gehörende Schrift „Über die Diät" erschienen. Darin wird die „diata" nach antikem Verständnis als umfassende Regelung der Lebensweise betrachtet. Und sicher haben die alten Griechen Recht: Wer eine Diät beginnt, ändert ein Stück weit auch seine Lebensführung, seine Lebensweise. Bewegung gehört da fast unabdingbar dazu. Denn regelmäßige Bewegung hilft nicht nur unserer Figur. Sie aktiviert auch unseren Stoffwechsel, sie reguliert den Blutdruck, stärkt das Immunsystem, baut Stresshormone ab und produziert Glückshormone.

Umbauphase

Wenn Sie abnehmen und gleichzeitig Sport treiben, baut sich Ihr Körper um. Das Körpergewebe wird straffer und fester, die Muskelmasse nimmt zu. Was auch Ihre Waage anzeigt, denn jetzt kann es plötzlich sein, dass Ihr Körpergewicht wieder ansteigt bzw. stagniert. Aber das ist kein Grund zur Sorge: Muskeln sind einfach schwerer als Körperfett. Doch gleichzeitig haben Muskeln einen hohen Energieumsatz – auch in Ruhephasen. Was wiederum Ihrem Vorhaben, abzunehmen, zu Gute kommt. Denn mit mehr Muskelmasse schmelzen die Fettdepots viel leichter und schneller. Wenn im Stoffwechsel unseres Körpers nicht alles mit allem zusammenhängen würde …

Ab und zu ein Ausrutscher

Wir sind alle nur Menschen, niemand ist perfekt. Und deshalb ist es ganz normal, dass es Tage gibt, an denen man keine Lust auf Low Carb Light hat. Wenn Sie einen richtigen Durchhänger haben, dann essen Sie doch einfach mal eines Ihrer alten Lieblingsgerichte. Egal, ob das eine Portion Nudeln mit Soße ist oder das Schnitzel mit Pommes. Essen Sie es! Sie werden merken, wie Sie am nächsten Tag gerne wieder zu Low Carb Light zurückkehren. Weil es Ihnen einfach guttut.

Und bitte steigen Sie auch nicht jeden Tag auf die Waage. Das Körpergewicht schwankt einfach von Tag zu Tag zu stark, als dass sich daraus eine vernünftige Entwicklung ablesen ließe. Besser, Sie wiegen sich nur einmal in der Woche. Den Trend nach unten werden Sie ganz eindeutig feststellen. Manchmal werden es große Schritte sein, manchmal kleinere. Aber egal: Jeder erreicht das Ziel in seinem eigenen Tempo.

Los geht's

Also ran an die Kochtöpfe, die Pfannen und Tiegel: Lassen auch Sie die Pfunde schmelzen mit neuen Rezepten! Unter meinen 116 Vorschlägen sind bestimmt auch für Sie etliche dabei, die Ihren Geschmack treffen. Hauptsache lecker, war das Ziel meiner Kompositionen. Aber gleichzeitig weg von der normalen Hausmannskost. Ein Hauch Mediterranes ist ebenso dabei, wie ein Anklang an die asiatische Küche. Das Schweinefilet wird da beispielsweise einmal mit Äpfeln fruchtig zusammengestellt, ein anderes Mal mit Tomatenpesto. Oder der Abschnitt zum Thema Fisch: Haben Sie schon einmal Sardinen mit roten Zwiebeln probiert oder Jakobsmuscheln auf Zucchiniragout? Dann wird es Zeit! Auch viele neue Geflügelrezepte machen es Ihnen leicht, nicht so schnell die Lust auf Low Carb Light zu verlieren. Wie wäre es etwa mit einer edlen Entenbrust auf Wirsing oder mit Hähnchenbrust und Lauchflan? Alles ist fein abgeschmeckt und mit den richtigen Kräutern und Gewürzen kombiniert.

Natürlich wird jedes Gericht mit einem eigenen Foto dargestellt. Das Auge isst schließlich nicht nur mit, sondern sucht auch gerne die Speisen für die nächsten Tage aus. Lassen Sie sich inspirieren, blättern Sie von vorne nach hinten und suchen Sie sich aus, worauf Sie gerade Lust haben. Vielleicht bleiben Sie ja im Kapitel Salate hängen? Wie wäre es beispielsweise mit einem Spargel-Eiersalat oder einem Gurken-Melonensalat? Läuft Ihnen da nicht das Wasser im Mund zusammen?

Den Anfang zu einem neuen, leichten Leben haben Sie gemacht, indem Sie dieses Buch gekauft haben. Jetzt müssen Sie nur noch die ersten Schritte tun: Zettel und Stift hervorholen, Rezepte für die ersten zwei, drei Tage aussuchen und zum Einkaufen fahren – oder besser gehen. Dann den Kochlöffel schwingen, den Tisch nett decken, das Gericht schön anrichten – und einfach genießen!

Ich wünsche Ihnen guten Appetit und viel Erfolg bei Low Carb Light!

Herzlich
Ihre Edeltraud Rückert

Frühstück
Lunch

Avocado
mit pochiertem Ei

Zutaten
2 Portionen

2 Eier
4 Tomaten
2 Schalotten
Salz
Pfeffer
2 EL Essig
2 EL Olivenöl
1 Avocado
1 EL Zitronensaft
Schnittlauch

Die Eier in Essigwasser pochieren.

Tomaten kurz in kochendes Wasser tauchen, häuten, entkernen und sehr fein hacken.

Das Tomatenmus mit den feingeschnittenen Schalotten mischen, salzen, pfeffern, mit Essig und Öl würzen.

Als Klecks auf einem Teller verteilen und ein pochiertes Ei darauf betten.

Die geschälte und halbierte Avocado in dünne Scheiben schneiden, mit der Hand flach drücken, fächerartig auf dem Teller anrichten, mit Zitronensaft beträufeln.

Mit Schnittlauch dekorieren.

Pro Portion	Kcal	KJ	Fett	Eiweiß	KH
Gesamt ca.	306,7	1262	27,6	8,6	4,5

Frischkäse
auf Radicchio

Frischkäse mit Milch, Zitronensaft und gepresstem Knoblauch verrühren.

Rucola waschen, fein hacken, unter den Frischkäse mischen, mit Salz und Pfeffer abschmecken.

Den Radichio in einzelne Blätter teilen, waschen und trocken tupfen.

Preiselbeeren mit Sherry und Olivenöl mischen.

Die Radichioblätter auf einer Platte anrichten.

Den Frischkäse und die Preiselbeeren mit einem Löffel auf die Salatblätter geben.

Zutaten
2 Portionen

150 g Frischkäse
1 EL Milch
1 EL Zitronensaft
1 Knoblauchzehe
50 g Rucola
Salz
Pfeffer aus der Mühle
100 g Radicchio
2 EL Preiselbeeren aus dem Glas
1 EL Sherry
1 EL Olivenöl

Pro Portion	Kcal	KJ	Fett	Eiweiß	KH
Gesamt ca.	193,9	810,1	13,5	11,5	5,7

Cheddar-Rühreier

Zutaten
2 Portionen

1 Rote Paprika
1 kleine Zwiebel
50 g Cheddar-Käse
4 Eier
Salz
Pfeffer
Curry
Paprika
Cayennepfeffer
1 EL Olivenöl

Die Paprika und die Zwiebeln klein schneiden und den Käse raspeln.

Die Eier verquirlen.

Alle Zutaten mischen und würzen.

Eine tiefe Pfanne mit Olivenöl einfetten und erhitzen.

Die Eiermasse auf beiden Seiten goldgelb braten.

Mit Paprikastreifen garnieren.

Pro Portion	Kcal	KJ	Fett	Eiweiß	KH
Gesamt ca.	324,2	1355	25,1	19,6	3,4

Geflügelleber-Paté

Den Apfel schälen entkernen und würfeln.

Zwiebel schälen und klein schneiden.

Beides in heißem Olivenöl anschwitzen, bis die Zwiebeln glasig sind.

Die Geflügelleber klein würfeln und mit anbraten.

Mit Calvados und Balsamico ablöschen und mit Salz und Pfeffer abschmecken.
Frischen Majoran fein hacken und dazugeben.

Die Geflügelmasse in ein Gefäß umfüllen und mit einem Mixstab zu einer feinen Paste pürieren.

Auf ein paar Salatblättern anrichten.

Die Geflügelleber-Paté kann kalt und warm serviert werden.

Zutaten
2 Portionen

1 Apfel
1 kleine Zwiebel
1 EL Olivenöl
250 g Geflügelleber
2 EL Calvados
1 EL Balsamico
Salz
Pfeffer
1 Zweig frischer Mayoran
Salatblätter

Pro Portion	Kcal	KJ	Fett	Eiweiß	KH
Gesamt ca.	244,8	1010	10,9	28,7	7,3

Serrano-Schinken

Zutaten
2 Portionen

160 g Serrano-Schinken
2 frische Feigen
Petersilie
Pfeffer

Den dünn geschnittenen Schinken etwa 10 Minuten vor dem Servieren auf einer Platte auslegen.

So kann er sein ganzes Aroma entfalten.

Die Feigen mit einem scharfen Messer in Scheiben schneiden und fächerförmig anrichten.

Mit einem Petersilienzweig garnieren.

Schwarzen Pfeffer aus der Mühle dazu reichen.

Pro Portion	Kcal	KJ	Fett	Eiweiß	KH
Gesamt ca.	191,7	802	15,3	24,6	5,0

Geflügelsalat

Die Hähnchenbrust in heißem Salzwasser 10 Minuten schwach köcheln lassen.

Das gare Hähnchenfleisch in kleine Würfel schneiden.

Den Lauch der Länge nach halbieren, waschen, trocken-tupfen und in Ringe schneiden. In heißem Wasser kurz blanchieren.

Den Sauerrahm mit Salz, Pfeffer, Curry und Zitronensaft würzen.

Die Macadamia-Nüsse klein hacken.

Das Hähnchenfleisch mit dem Lauch, dem gewürzten Rahm und den Nüssen mischen.

Den Salat vor dem Servieren etwas ziehen lassen.

Zutaten
2 Portionen

300 g Hähnchenbrust
80 g Lauch
100 g Sauerrahm 10%
Salz
Weißer Pfeffer
1 TL Curry
2 EL Zitronensaft
2 Macadamia-Nüsse

Pro Portion	Kcal	KJ	Fett	Eiweiß	KH
Gesamt ca.	235,7	987	10,2	31,2	4,2

15

Camembert-Quark

Zutaten
2 Portionen

3 EL Milch
150 g Magerquark
150 g Camembert (20% Fett i.Tr.)
1 Bund Schnittlauch
1 Bund Petersilie
Salz
Weißer Pfeffer

Den Quark mit der Milch glatt rühren.

Den Camembert klein würfeln und mit dem Quark verrühren.

Den Schnittlauch in Ringe schneiden und die Petersilie fein hacken.

Die Kräuter unter die Käse-Quarkmasse mischen und mit Salz und Pfeffer würzen.

Mit Schnittlauch und Petersilie dekorieren.

Pro Portion	Kcal	KJ	Fett	Eiweiß	KH
Gesamt ca.	219,6	918	9,8	28,0	3,5

Mozzarellasalat

Die Mango schälen, das Fruchtfleisch vom Kern lösen und in kleine Stücke schneiden.

Die Orange schälen, filetieren.

Die Papaya schälen, halbieren, die Kerne mit einem kleinen Löffel ausschaben und würfeln.

Mozzarella in mundgerechte Stücke schneiden.

Kiwi schälen und würfeln.

Mozzarella und Früchte vorsichtig mischen und mit Limettensaft und etwas Süßstoff abschmecken.

Mit jeweils einer Limettenscheibe garnieren.

Zutaten
2 Portionen

1/2 Mango
1 Orange
1/2 Papaya
125 g Mozzarella
1 Kiwi
2 EL Limettensaft
Süßstoff
2 Limettenscheiben

Pro Portion	Kcal	KJ	Fett	Eiweiß	KH
Gesamt ca.	257,5	1079	15,3	15,1	11,9

Kasseler-Carpaccio

Zutaten
2 Portionen

100 g Kasseler
250 g Kirschtomaten
250 g Bleichsellerie
1 Bund Petersilie
1 Bund Schnittlauch
50 g Walnüsse
1 EL Balsamico
1 EL Olivenöl
Salz
Pfeffer

Das Kasseler in hauchdünne Scheiben schneiden und auf einer Platte fächerförmig anrichten.

Tomaten waschen, Stielansätze entfernen und halbieren.

Bleichsellerie waschen und in feine Scheiben schneiden.

Petersilie, Schnittlauch und Walnüsse klein hacken.

Balsamico, Olivenöl, Salz und Pfeffer zu einer Marinade verrühren.

Bleichsellerie, Tomaten, Walnüsse und Kräuter mit der Marinade vermischen.

Auf der Kasseler-Platte anrichten.

Pro Portion	Kcal	KJ	Fett	Eiweiß	KH
Gesamt ca.	331,9	1352	24,8	17,4	8,7

Basilikum-Forelle

Den Basilikum waschen, die Blätter von den Stielen zupfen und klein hacken.

Crème fraîche mit Milch, Salz, Pfeffer, etwas Süßstoff, Senf und Zitronensaft verrühren.

Die Forellen häuten, die Filets von den Gräten lösen und in mundgerechte Stücke schneiden.

Die Forellenstücke mit der Crème-fraîche-Marinade vorsichtig mischen.

Auf ein paar Salatblättern anrichten, mit einer halben Kirsch-tomate und einem Basilikumzweig garnieren.

Zutaten
2 Portionen

2 Bund Basilikum
150 g Crème fraîche
2 EL Milch
Salz
Pfeffer
Süßstoff
2 TL Senf
2 TL Zitronensaft
2 geräucherte Forellen
1 Kirschtomate
Salatblätter

Pro Portion	Kcal	KJ	Fett	Eiweiß	KH
Gesamt ca.	382,6	1603	27,3	30,8	3,2

Lachs-Matjes-Tatar

Zutaten
2 Portionen

80 g geräucherter Lachs
1 Matjesfilet (80 g)
1 kleine Zwiebel
1/2 Salatgurke
1 Bund Dill
1 EL körniger Senf
1 EL Essig
1 EL Olivenöl
3 TL Crème fraîche
Süßstoff
Salz
Pfeffer
Schnittlauch

Aus Senf, Essig, Öl, 1 TL Crème fraîche und ein wenig Süßstoff eine Marinade machen.

Mit Salz und Pfeffer abschmecken.

Den Dill waschen, fein schneiden und unter die Soße rühren.

Den Lachs und den Matjes klein würfeln.

Die Zwiebel schälen, sehr fein schneiden und unter den Fisch mischen.

Die Gurke waschen, in dünne Scheiben schneiden und mit dem Tatar auf den Tellern anrichten.

Alles mit der Senfsauce beträufeln und jeweils 1 TL Crème fraîche auf dem Tatar verteilen.

Mit etwas Dill und Schnittlauch garnieren.

Pro Portion	Kcal	KJ	Fett	Eiweiß	KH
Gesamt ca.	321,0	1332,9	25,5	19,0	2,9

Zucchini-Möhren-Puffer

Die Möhren schälen, die Zucchini putzen und waschen.
Beide mit einer Küchenreibe mittelgrob raspeln.

Die Petersilie waschen, trocknen und klein hacken.

Die Knoblauchzehen schälen und durch eine Presse drücken.

Die Mohren-Zucchiniraspel mit der Petersilie, dem Knoblauch,
dem Gouda und den Eiern mischen.

Mit Salz und Pfeffer abschmecken.

Das Olivenöl in einer Pfanne erhitzen und das Gemüse-
omelett bei mittlerer Hitze auf jeder Seite ca. 4 Minuten
stocken lassen.

Man kann nacheinander zwei Omeletts ausbacken, oder mit
zwei Pfannen gleichzeitig arbeiten.

Zutaten
2 Portionen

200 g Möhren
200 g Zucchini
1 Bund Petersilie
2 Knoblauchzehen
50 g geriebener Gouda
2 Eier
Salz
Pfeffer
2 EL Olivenöl

Pro Portion	Kcal	KJ	Fett	Eiweiß	KH
Gesamt ca.	213,7	894	14,5	12,8	7,5

SUPPEN

Porreesuppe

Zutaten
2 Portionen

300 g Porree
500 ml Rindfleischbrühe
50 g Schmelzkäse
100 g Lachsschinken
2 TL Sauerrahm 10%
Muskat
Salz
Pfeffer
Schnittlauch

Den Porree putzen, waschen und in Ringe schneiden.

Rinderbrühe erhitzen, den Porree dazugeben und ungefähr 15 Minuten leicht kochen lassen.

Die Suppe mit einem Stabmixer pürieren und mit Salz, Pfeffer und Muskat herzhaft abschmecken.

Den Schmelzkäse einrühren.

Den Lachsschinken in feine Streifen schneiden und in die Suppe geben.

Die Porreesuppe mit einem Klecks Sauerrahm und Schnittlauch garnieren.

Pro Portion	Kcal	KJ	Fett	Eiweiß	KH
Gesamt ca.	204,0	856	8,3	19,0	9,8

Bärlauchsuppe

Den Bärlauch waschen, die Stiele abschneiden und die Blätter in Streifen schneiden.

Die Schalotten schälen und fein würfeln.
Butter in einem Topf zerlassen, die Schalotten und die Bärlauchstreifen darin andünsten.

Mil dem Gemüsefond ablöschen, mit einer Messerspitze Johannisbrotkernmehl binden und ca. 15 Minuten köcheln lassen.

Die Suppe mit einem Stabmixer fein pürieren und mit Salz und Pfeffer abschmecken.

Vom Herd nehmen, etwas abkühlen lassen und das Eigelb unterziehen.

Die Bärlauchsuppe in zwei Suppenschalen füllen und die saure Sahne darauf verteilen.

Zutaten
2 Portionen

100 g Bärlauch
2 Schalotten
10 g Butter
500 ml Gemüsefond
Johannisbrotkernmehl
Salz
Pfeffer
1 Eigelb
100 g saure Sahne 10%

Pro Portion	Kcal	KJ	Fett	Eiweiß	KH
Gesamt ca.	122,5	516	10,7	5,0	2,3

Kokossuppe

Zutaten
2 Portionen

300 g Karotten
400 ml Gemüsebrühe
100 ml Kokosmilch
200 g Hähnchenbrustfilet
Salz
Zimt
Curry
Koriander
Cayennepfeffer
Pfeffer

Die Karotten putzen, schälen und in Scheiben schneiden.

Gemüsebrühe und Kokosmilch erhitzen, die Karotten zugeben und ca. 10 Minuten köcheln lassen.

Das Hähnchenbrustfilet in Salzwasser etwa 10 Minuten gar kochen und in kleine Würfel schneiden.

Die Suppe im Mixer oder mit einem Pürierstab zu einem cremigen Brei pürieren.

Hähnchenwürfel hinzufügen und ca. 5 Minuten bei geringer Hitze ziehen lassen.

Die Suppe mit dem Zimt, Curry, Koriander, Salz und frisch gemahlenen Pfeffer abschmecken.

In eine Suppentasse füllen und mit Cayennepfeffer garnieren.

Pro Portion	Kcal	KJ	Fett	Eiweiß	KH
Gesamt ca.	137,2	579	1,4	20,6	8,9

Weißkohlsuppe

Den Weißkohl putzen, halbieren und den Strunk entfernen.

Den Kohl in Streifen schneiden.

Die Butter in einem Topf erhitzen, den Weißkohl hinzufügen und kurz andünsten.

Mit der Rinderbrühe und der Milch ablöschen und ca. 15 Minuten köcheln lassen.

Im Mixer oder mit dem Pürierstab fein pürieren.

Die Kohlsuppe mit Kümmel, Muskat, Salz und Pfeffer herzhaft abschmecken.

Den Schinken in feine Streifen schneiden und in die Suppe geben. Abschließend mit Schnittlauch garnieren.

Zutaten
2 Portionen

300 g Weißkohl
20 g Butter
500 ml Rinderbrühe
100 ml Milch
100 g gekochter Schinken
Kümmel
Muskat
Salz
Pfeffer
Schnittlauch

Pro Portion	Kcal	KJ	Fett	Eiweiß	KH
Gesamt ca.	211,1	877	12,0	13,7	7,9

Rosenkohlsuppe

Zutaten
2 Portionen

400 g Rosenkohl
1 Zwiebel
500 ml Gemüsebrühe
1 EL Olivenöl
2 EL Crème fraîche
Salz
Pfeffer
Muskat
Paprika edelsüß

Die Rosenkohlröschen putzen, waschen und vierteln.

Die Zwiebel schälen und fein hacken.

Die Gemüsebrühe erhitzen.

Das Olivenöl in einem Topf erhitzen, die Zwiebel zugeben und glasig dünsten.

Den Rosenkohl sowie die heiße Gemüsebrühe zugeben und bei milder Hitze 20 Minuten köcheln lassen.

Mit einem Stabmixer pürieren.

Crème fraîche in die Suppe einrühren.

Mit Salz, Pfeffer, Muskat und Paprika fein abschmecken und heiß servieren.

Pro Portion	Kcal	KJ	Fett	Eiweiß	KH
Gesamt ca.	150,2	629	9,8	9,5	5,4

Kohlrabisuppe

Die Kohlrabi und die Zwiebel schälen und in kleine Würfel schneiden.

Die Butter in einem Topf erhitzen, das Gemüse zugeben und andünsten.

Mit der Gemüsebrühe ablöschen und zugedeckt 20 Minuten kochen lassen.

Die Sahne hinzufügen und mit einem Stabmixer pürieren.

Die Suppe mit Salz, Pfeffer, Muskat und Zitronensaft abschmecken.

Aus dem Mett Klößchen formen, in die heiße Suppe geben und 10 Minuten ziehen lassen.

Mit gehackter Petersilie garnieren.

Zutaten
2 Portionen

2 Kohlrabi
1 Zwiebel
20 g Butter
500 ml Gemüsebrühe
50 ml Sahne
1 EL Zitronensaft
100 g Mett
Salz
Pfeffer
Muskat
Petersilie

Pro Portion	Kcal	KJ	Fett	Eiweiß	KH
Gesamt ca.	274,0	1150	22,2	14,4	4,7

Hack-Tomatensuppe

Zutaten
2 Portionen

1 kleine Zwiebel
1 Knoblauchzehe
300 g Zucchini
3 Stiele Basilikum
1 EL Olivenöl
150 g Rinderhack
1 Dose Tomaten,
   gehackt (400g)
Cayennepfeffer
Salz
Worcestersauce

Zwiebel und Knoblauchzehe schälen und hacken.

Zucchini putzen, waschen und fein würfeln.

Den Basilikum waschen, in Streifen schneiden.

Öl in einem Topf erhitzen, Zwiebeln, Knoblauch, Basilikum und Hackfleisch hinzufügen und unter Wenden kräftig anbraten.

Die Tomaten mit Saft und ca. 200 ml Wasser dazugießen.

Zucchiniwürfel zugeben und alles zugedeckt ca. 15 Minuten köcheln lassen.

Die Suppe mit Cayennepfeffer, Salz und 1 Spritzer Worcesterssauce abschmecken.

Mit einem Basilikumzweig garnieren.

Pro Portion	Kcal	KJ	Fett	Eiweiß	KH
Gesamt ca.	282,0	1161	16,4	21,5	8,9

Gemüsesuppe

Karotten waschen, schälen und in feine Scheiben schneiden.

Die Rosenkohlröschen putzen, waschen und vierteln.

Den Weißkohl in Viertel schneiden, den Strunk entfernen und in Streifen schneiden.

Bohnen putzen, waschen und halbieren.

Kohlrabi waschen, schälen und klein schneiden.

Das Gemüse in einen Topf geben, mit der Rinderbrühe auffüllen und ca. 20 Minuten köcheln lassen.

Die Wienerle in Scheiben schneiden, in die Gemüsesuppe geben und 5 Minuten ziehen lassen.

Mit Salz, Pfeffer und Muskat herzhaft abschmecken.

Zutaten
2 Portionen

100 g Karotten
100 g Rosenkohl
100 g Weißkohl
100 g grüne Bohnen
100 g Kohlrabi
600 ml Rinderbrühe
2 Wienerle
Salz
Pfeffer
Muskat

Pro Portion	Kcal	KJ	Fett	Eiweiß	KH
Gesamt ca.	299,0	1243	22,8	13,1	8,9

FLEISCH

Frikadellen
im Schinkenmantel

Zutaten
2 Portionen

1 Zwiebel
1 Knoblauchzehe
10 g Butter
100 g Zucchini
250 g Hackfleisch gemischt
1 TL Senf
30 g ger. Parmesan
1 Ei
Cayennepfeffer
Salz
3 EL Olivenöl
100 g gekochter Schinken
200 g rote Zwiebeln
150 g Tomaten
2 EL Balsamico Bianco
Pfeffer
2 Kirschtomaten
Petersilie

Die Zwiebel und den Knoblauch schälen und in der Butter glasig dünsten.

Zucchini waschen, klein würfeln und mitdünsten.
Das Hackfleisch mit Senf, geriebenem Parmesan, Ei, Zwiebel, Knoblauch und Zucchini verkneten.
Mit Cayennepfeffer und Salz würzen.

Frikadellen formen und mit 2 EL Olivenöl ca. 5 Minuten je Seite anbraten.
Die Schinkenscheiben halbieren, die Frikadellen umwickeln und kurz anbraten.
Rote Zwiebeln schälen, in feine Streifen schneiden und mit 1 EL Olivenöl anbraten.
Die Tomaten blanchieren, häuten, in kleine Würfel schneiden, zufügen und ca. 5 Minuten garen.
Mit Balsamico, Salz und Pfeffer würzen.

Zwiebeln und Frikadellen auf einer Platte anrichten und mit Kirschtomaten und Petersilie garnieren.

Pro Portion	Kcal	KJ	Fett	Eiweiß	KH
Gesamt ca.	579,8	2567	40,8	45,2	11,1

Kalbsleber
mit Paprikasalat

Die Paprikaschoten putzen, halbieren, entkernen in Streifen
schneiden und kurz in heißem Wasser blanchieren.

In einem Sieb abtropfen lassen und mit Essig, 1 El Olivenöl, Senf
und Salz verrühren.

Das Ei in Würfel, den Schnittlauch in kleine Ringe schneiden
und mit dem angemachten Paprika mischen.

Die Leberscheiben unter fließendem Wasser abspülen, mit
Küchenkrepp trocken tupfen und mit Majoran, Rosmarin und
Paprikapulver würzen.

Zwiebeln schälen und in Ringe schneiden.
Olivenöl in der Pfanne erhitzen und die Leber mit den Zwiebel-
ringen unter ständigem Wenden ca. 6 Minuten braten. Zuletzt
salzen.

Die Kalbsleber mit den Zwiebeln anrichten.

Zutaten
2 Portionen

1 rote Paprika
1 grüne Paprika
2 EL Weinessig
3 EL Olivenöl
1 TL Senf
Salz
1 Ei, hart gekocht
1 Bund Schnittlauch
300 g Kalbsleber
1 TL Majoran
1 TL Rosmarin
1 TL Paprikapulver
2 Zwiebeln

Pro Portion	Kcal	KJ	Fett	Eiweiß	KH
Gesamt ca.	388,1	1623	22,6	34,4	9,8

Curry-Kasseler mit Früchten

Zutaten
2 Portionen

1 Papaya
1/4 frische Ananas
1 Limette, Saft
30 g Rucola
300 g Kasseler ohne Knochen
2 Zwiebeln
20 g Butter
100 ml Gemüsebrühe
10 g Ingwer
1/2 TL Piment
10 g Rosinen
1 EL Curry
Salz
Pfeffer

Die Papaya schälen, halbieren, Kerne entfernen und in Würfel schneiden.

Ananas vierteln, schälen, Strunk entfernen und klein schneiden.
Das Obst mit Limettensaft beträufeln und ziehen lassen.
Rucola putzen, waschen und abtropfen lassen.

Den Kasseler und die Zwiebeln in Würfel schneiden.
Butter erhitzen, Zwiebelwürfel darin glasig dünsten, Kasseler hinzufügen und anbraten.

Mit der Gemüsebrühe ablöschen, klein geschnittenen Ingwer, Piment, Rosinen und Curry hinzufügen und ca. 10 Minuten köcheln lassen.

Die Früchte hineingeben, mit Salz und Pfeffer abschmecken und weitere 5 Minuten garen.

Den Curry-Kasseler auf einem Rucola-Bett anrichten.

Pro Portion	Kcal	KJ	Fett	Eiweiß	KH
Gesamt ca.	344,5	1437	17,7	33,2	8,5

Schweinefilet
in Cognacsauce

Die Zwiebel schälen, würfeln und in der Butter glasig dünsten.
Mit Gemüsebrühe, Sahne, Cognac und Weißwein ablöschen
und auf ein Drittel reduzieren.
Mit Cayennepfeffer und Salz abschmecken.
Den Zitronenthymian zugeben, etwas aufkochen lassen, wieder
herausnehmen und die Sauce pürieren.

Das Filet in 6 Stücke teilen, leicht klopfen, salzen, pfeffern und in
2 EL heißem Olivenöl von allen Seiten anbraten. Für ca. 15 Minuten in dem auf 100 Grad vorgewärmten Backofen ziehen
lassen.
Zucchini und Knoblauch in Scheiben schneiden, in 1 EL heißem
Olivenöl knusprig anbraten.
Die halbierten Cocktailtomaten dazugeben, leicht andünsten,
salzen und pfeffern.
Die Schweinefilets in die Cognacsauce legen, kurz aufkochen,
mit dem Gemüse auf einem Teller anrichten und mit der Sauce
überziehen.

Mit einem Petersilienzweig garnieren.

Zutaten
2 Portionen

1 Zwiebel
10 g Butter
100 ml Gemüsebrühe
2 EL Sahne
2 EL Cognac
2 EL Weißwein
Cayennepfeffer
Salz
1 Zweig Zitronenthymian
300 g Schweinefilet
Pfeffer
3 EL Olivenöl
200 g Zucchini
1 Knoblauchzehe
100 g Cocktailtomaten
Petersilie

Pro Portion	Kcal	KJ	Fett	Eiweiß	KH
Gesamt ca.	361,8	1515	18,7	35,5	5,8

Kalbsschnitzel in Tomatensauce

Zutaten
2 Portionen

300 g Fleischtomaten
1 Zwiebel
1 Knoblauchzehe
3 EL Olivenöl
1 EL Tomatenmark
1 EL Kapern
1 TL Oregano
Salz
Pfeffer
Süßstoff
300 g Kalbsschnitzel
30 g Rucola

Die Tomaten in heißem Wasser blanchieren, häuten und in kleine Würfel schneiden.

Zwiebel und Knoblauch schälen, fein hacken und in einer Pfanne mit 1 EL Olivenöl anschwitzen.

Tomatenmark, Tomatenwürfel sowie Kapern dazugeben und ca. 10 Minuten köcheln lassen, bis eine cremige Sauce entstanden ist.

Mit Oregano, Salz, Pfeffer und einem kleinen Spritzer Süßstoff würzen.

Die Kalbsschnitzel in feine Scheiben schneiden, mit Salz und Pfeffer würzen und in 2 EL heißem Olivenöl ca. 2 Minuten scharf anbraten.

Das Fleisch unter die Sauce mischen und mit dem gewaschenen Rucola auf einem Teller anrichten.

Pro Portion	Kcal	KJ	Fett	Eiweiß	KH
Gesamt ca.	228,7	959	7,5	33,3	7,2

Hackfleisch-Spinatauflauf

Den Spinat auftauen lassen.

Zwiebel und Knoblauch schälen und in kleine Würfel schneiden. Die Petersilie fein hacken.

Alle Zutaten in der warmen Butter andünsten und etwas abkühlen lassen.

Den Spinat, die Zwiebelmischung und das Ei zum Hackfleisch geben, vermengen und mit Paprika, Pfeffer und Salz würzen.

Die Gratinform mit dem Olivenöl ausfetten, die Hackfleischmasse hineingeben und glattstreichen.

Den Fleischteig im Ofen bei 180 Grad ca. 20 Minuten backen.

Den Sauerrahm mit dem Gouda und dem Eigelb verrühren, salzen, pfeffern, auf dem Hackfleisch verteilen und weitere 15 Minuten goldbraun überbacken.

Zutaten
2 Portionen

250 g Spinat (TK)
1 Zwiebel
2 Knoblauchzehen
1 Bund Petersilie
10 g Butter
1 Ei
250 g Rinderhack
Paprikapulver
Pfeffer
Salz
1 EL Olivenöl
100 g Sauerrahm 10%
30 g Gouda, gerieben
1 Eigelb

Pro Portion	Kcal	KJ	Fett	Eiweiß	KH
Gesamt ca.	477,0	1997	34,4	36,9	4,0

Schweinefilet
mit Apfel

Zutaten
2 Portionen

1 Apfel
1 Zwiebel
1 Knoblauchzehe
300 g Schweinefilet
1 EL Olivenöl
Salz
Pfeffer
50 ml Apfelsaft
3 EL Sahne
Zimt
Cayennepfeffer
1 TL Zitronensaft
Petersilie

Den Apfel schälen, halbieren, entkernen und in Scheiben schneiden.
Zwiebel und Knoblauch schälen und klein hacken.

Das Filet in Scheiben schneiden und in heißem Olivenöl kurz anbraten.
Mit Salz und Pfeffer würzen und im Backofen bei 100 Grad ca. 15 Minuten ziehen lassen.

In dem Bratenfond die Zwiebel andünsten, mit dem Apfelsaft ablöschen, Sahne und Knoblauch zugeben und etwas einkochen lassen.
Mit Zimt, Cayennepfeffer und Salz abschmecken.

Die Apfelspalten mit Zitronensaft beträufeln und in dem Fond mitdünsten.

Die Filetscheiben mit den Apfelspalten und der Sauce auf einem Teller anrichten und mit einem Petersilienzweig garnieren.

Pro Portion	Kcal	KJ	Fett	Eiweiß	KH
Gesamt ca.	261,1	1086	9,5	33,9	9,6

Rinderragout
mit Pinienkernen

Die Zwiebel schälen, würfeln, die Paprikaschote halbieren, entkernen und in feine Streifen schneiden.

Die Pinienkerne in einer heißen Pfanne unter ständigem Rühren anrösten, beiseite stellen.

Ananas in kleine Stücke schneiden.

Das Rindfleisch in feine Streifen schneiden und in heißem Olivenöl 10 Minuten anbraten.

Mit Gemüsebrühe, Balsamico und Sojasauce ablöschen. Zugedeckt bei milder Hitze ca. 15 Minuten schmoren.

Paprikaschote, Zwiebel und Ananas zugeben, mit Currypulver, Tabasco, Pfeffer, Salz würzen und weitere 10 Minuten garen.

Das Ragout auf einem Teller anrichten und mit den Pinienkernen bestreuen.

Zutaten
2 Portionen

1 rote Zwiebel
1 rote Paprikaschote
20 g Pinienkerne
100 g Ananas (Dose) ohne Zucker
300 g Rindfleisch von der Hüfte
2 EL Olivenöl
100 ml Gemüsebrühe
2 EL Balsamico Bianco
2 EL Sojasauce
Curry
Tabasco
Pfeffer
Salz

Pro Portion	Kcal	KJ	Fett	Eiweiß	KH
Gesamt ca.	355,1	1416	17,0	34,7	13,9

Kalbsschnitzel
mit Spargel

Zutaten
2 Portionen

2 Kalbsschnitzel à 150 g
2 EL Olivenöl
Salz
Weißer Pfeffer
50 g Gouda
6 Spargel (Glas)
100 g saure Sahne 10%

Die Kalbsschnitzel in heißem Olivenöl auf beiden Seiten kurz anbraten.

Mit Salz und Pfeffer würzen.

Den Gouda fein reiben, die Spargel gut abtropfen lassen.

Die saure Sahne mit dem Käse verrühren und mit Salz und Pfeffer abschmecken.

Eine Auflaufform mit etwas Olivenöl ausfetten, die Schnitzel reinlegen, mit dem Spargel bedecken und der Sauce begießen.

Im vorgeheizten Backofen bei 200 Grad ca. 10 Minuten goldbraun überbacken.

Pro Portion	Kcal	KJ	Fett	Eiweiß	KH
Gesamt ca.	327,0	1367	17,7	39,1	2,4

Rindermedaillon
in Orangensauce

Die Sellerieknolle schälen, waschen und in Würfel schneiden.

10 g Butter in einem Topf erhitzen, den Sellerie darin andünsten, mit der Gemüsebrühe ablöschen und ca. 10 Minuten zugedeckt köcheln lassen.
Danach das Gemüse pürieren, mit 2 EL Sahne, Salz, Muskat und Pfeffer abschmecken.

Die Medaillons in heißem Butterschmalz von jeder Seite ca. 4 Minuten braten, warm stellen.

Für die Sauce 10 g Butter in einer Pfanne zerlassen.

Mit der Fleischbrühe, dem Saft der Orange und 2 EL Sahne ablöschen, mit Salz, Pfeffer und etwas Süßstoff abschmecken.

Alles aufkochen lassen und die Sauce auf ein Drittel reduzieren.

Medaillons mit dem Püree auf einem Teller anrichten und mit einer Orangenscheibe und einem Petersilienzweig garnieren.

Zutaten
2 Portionen

2 Rindermedaillons
250 g Sellerie
20 g Butter
100 ml Gemüsebrühe
4 EL Sahne
Salz
Muskat
Pfeffer
10 g Butterschmalz
50 ml Fleischbrühe
1 Orange, Saft
Süßstoff
Petersilie
2 Orangenscheiben

Pro Portion	Kcal	KJ	Fett	Eiweiß	KH
Gesamt ca.	339,4	1218	15,7	34,7	3,7

Kalbskotelett
mit Knoblauch

Zutaten
2 Portionen

1 Bund Salbei
1 Rosmarinzweig
8 Knoblauchzehen
3 EL Olivenöl
Pfeffer
Salz
2 Kalbskoteletts
6 Salbeiblätter
Salat

Salbei und Rosmarinnadeln klein hacken und in ein Schälchen geben.

2 Knoblauchzehen schälen, dazupressen, 2 EL Olivenöl beifügen und mit Pfeffer und Salz würzen.

Die Kalbskoteletts damit bestreichen und zugedeckt bei Zimmertemperatur ca. 1 Stunde ziehen lassen.
Die restlichen Knoblauchzehen schälen und halbieren.

1 EL Olivenöl erhitzen, den Knoblauch und die Salbeiblätter knusprig anbraten, herausnehmen und auf einem Küchen- krepp abtropfen lassen.

Die Koteletts ohne weitere Fettzugabe nicht zu heiß auf jeder Seite ca. 4 Minuten braten.

Die gewaschenen Salatblätter auf einem Teller auslegen, das Kalbskotelett darauflegen und mit dem Knoblauch und den Salbeiblättern belegen.

Pro Portion	Kcal	KJ	Fett	Eiweiß	KH
Gesamt ca.	214,6	899	9,1	28,3	4,2

Eingelegtes Rumpsteak

Für den Sud den Rotwein, Rosmarinnadeln, Zitronenthymian, Pfefferkörner, Knoblauchzehe und Senf verrühren.

Das Fleisch darin einlegen und für 24 Stunden zugedeckt im Kühlschrank ziehen lassen.

Die Rumpsteaks mit Küchenkrepp abtupfen und in heißem Olivenöl von beiden Seiten ca. 3 Minuten braten, mit Salz und Pfeffer würzen, warm stellen.

Die Zwiebel schälen, in feine Scheiben schneiden und in dem Bratenfond andünsten.

Mit dem Rotweinsud ablöschen, mit Piment, etwas Süßstoff, Salz und Pfeffer würzen.

Aufkochen lassen und auf ein Drittel reduzieren.

Die Rumpsteaks auf Teller anrichten und mit der Zwiebelsauce bedecken.

Zutaten
2 Portionen

1/8 l Rotwein
1 Rosmarinzweig
1 Zitronenthymianzweig
Pfefferkörner
1 Knoblauchzehe
1 TL Senf
2 Rumpsteaks
2 EL Olivenöl
Salz
Pfeffer
1 rote Zwiebel
Piment
Süßstoff

Pro Portion	Kcal	KJ	Fett	Eiweiß	KH
Gesamt ca.	311,4	1304	14,1	31,9	4,5

Lammfilet
in Mandelsauce

Zutaten
2 Portionen

300 g Lammfilet
1 Rosmarinzweig
1 Thymianzweig
3 EL Olivenöl
Salz
Pfeffer
1 Zwiebel
30 g Mandeln, gehobelt
10 g Butter
3 EL Weißwein
100 g Sauerrahm 10%
200 g Fleischtomaten
1 Bund Schnittlauch

Das Fleisch kurz unter kaltem Wasser abwaschen und trocken tupfen.
Rosmarin und Thymian klein hacken und mit 1 EL Olivenöl verrühren. Das Fleisch von beiden Seiten damit einpinseln.

2 EL Olivenöl in einer Pfanne erhitzen, das Filet von jeder Seite 3 Minuten braten, mit Salz und Pfeffer würzen und warm stellen.
Für die Sauce die Zwiebel fein würfeln und mit den Mandeln in der zerlassenen Butter andünsten.

Mit dem Wein ablöschen, die Pfanne vom Herd nehmen, den Sauerrahm einrühren, mit Salz und Pfeffer würzen.

Tomaten in Scheiben, Schnittlauch in Röllchen schneiden und auf einem Teller anrichten.
Mit Salz und Pfeffer würzen und mit etwas Olivenöl beträufeln.

Das Lammfilet in Scheiben schneiden und mit der Mandelsauce servieren.

Pro Portion	Kcal	KJ	Fett	Eiweiß	KH
Gesamt ca.	147,0	618	14,5	33,7	2,0

Lammkarree
mit Bohnen

Den Knoblauch schälen und pressen.

Thymian und Rosmarin klein hacken, mit dem Knoblauch
und 2 EL Olivenöl mischen.

Das Lammkarree mit einem scharfen Messer zwischen den
Rippen aufschneiden und mit der Kräuterpaste einreiben.
Eine Stunde ziehen lassen.
Die Bohnen putzen, waschen und in heißem Salzwasser bissfest
garen.

2 EL Olivenöl in einer Pfanne erhitzen und das Lamm auf jeder
Seite 2 Minuten anbraten.
Mit Salz und Pfeffer würzen und mit Senf bestreichen.

Den Ziegenfrischkäse in Scheiben schneiden, jedes Fleischstück
damit belegen, mit gehackten Kräutern bestreuen und im vorgeheizten Backofen bei 200 Grad ca. 3 Minuten überbacken.

Mit den Bohnen auf einem Teller anrichten.

Zutaten
2 Portionen

2 Knoblauchzehen
1 Thymianzweig
1 Rosmarinzweig
4 EL Olivenöl
300 g Lammkarree
200 g grüne Bohnen
Salz
Pfeffer
1 EL Senf
Ziegenfrischkäse

Pro Portion	Kcal	KJ	Fett	Eiweiß	KH
Gesamt ca.	465,4	1950	27,1	38,0	3,1

Hackfleisch
im Krautmantel

Zutaten
2 Portionen

300 g Wirsing
1 TL Olivenöl
1 Zwiebel
250 g Rinderhack
1 Bund Petersilie
1 Ei
Salz
Pfeffer
Safran, gemahlen
Kümmel, gemahlen
1 TL Ingwerpulver
1 TL Paprikapulver

Die äußeren Blätter vom Wirsing entfernen.
Den Wirsingkopf in einzelne Blätter zerteilen und in heißem
Salzwasser kurz blanchieren. Die Blätter herausnehmen, abtropfen und abkühlen lassen.
Von den großen äußeren Blättern die groben Rippen heraus-
schneiden. Eine Springform mit 1 TL Olivenöl ausfetten, mit
großen Kohlblättern auslegen, 3 große Blätter zum Bedecken
zur Seite legen.
Kleine Wirsingblätter in Stücke schneiden, die Zwiebel würfeln.

Das Hackfleisch mit gehackter Petersilie, dem kleingeschnitte-
nen Wirsing, 1 Ei und der Zwiebel mischen und mit Salz,
Pfeffer, Safran, Kümmel, Ingwer und Paprikapulver würzen.
In der Form verteilen und mit den restlichen großen Wirsing-
blättern bedecken.
Form mit Alufolie gut verschließen und in einen Topf mit etwas
Wasser stellen. Den Topf zudecken und ca. 1 Stunde in sie-
dendem Wasser dämpfen.
Das fertige Hackfleisch auf eine Platte stürzen, in Scheiben
schneiden und anrichten.

Pro Portion	Kcal	KJ	Fett	Eiweiß	KH
Gesamt ca.	385,0	1615	24,5	34,5	4,9

Würzige Hackfleischpizza

Zwiebel schälen und in feine Würfel schneiden, Knoblauch schälen und zerdrücken, Petersilie klein hacken.

Zusammen mit Hackfleisch und Ei vermengen und mit Salz und Pfeffer würzen.

Den Teig auf einen mit Backfolie ausgelegtem Backblech verteilen.

Die Tomaten und die Champignons in Scheiben, den Lauch in feine Streifen schneiden. Mozzarella würfeln.

Alles auf dem Fleischteig auslegen und mit geriebenem Käse, Pizzagewürz, Pfeffer und Salz bestreuen.

Im vorgeheizten Backofen bei 180 Grad ca. 20 Minuten backen.

Zutaten
2 Portionen

1 Zwiebel
1 Knoblauchzehe
1 Bund Petersilie
300 g Rinderhack
1 Ei
Salz
Pfeffer
2 Tomaten
100 g Champignons
1 kleine Stange Lauch
30 g Mozzarella
30 g geriebener Käse
Pizzagewürz

Pro Portion	Kcal	KJ	Fett	Eiweiß	KH
Gesamt ca.	458,0	1931	29,3	45,4	5,9

Delikate Hackfleischmuffins

Zutaten
2 Portionen

1 Zwiebel
1 Knoblauchzehe
1/2 rote Paprikaschote
50 g Champignons
1 Bund Petersilie
50 g Mozzarella
300 g Rinderhack
1 Ei
1 TL Senf
Salz
Pfeffer

Zwiebel und Knoblauch schälen und fein würfeln.

Die Paprikaschote halbieren, entkernen, die Pilze putzen und beides in Würfel schneiden.

Petersilie fein hacken, Mozzarella in Stücke schneiden.

Das Hackfleisch mit Zwiebel, Knoblauch, Ei, Pilzen, Paprikaschote, Petersilie, Mozzarella, Senf, Salz und Pfeffer vermengen.

Die Hackfleischmasse in die Muffinförmchen verteilen und im vorgeheizten Ofen bei 180 Grad ca. 20 Minuten backen.

Mit einem grünen Salat servieren.

Pro Portion	Kcal	KJ	Fett	Eiweiß	KH
Gesamt ca.	392,0	1649	25,3	37,0	3,8

Gefüllte Schweineschnitzel

Die Zwiebeln und den Knoblauch schälen und in kleine Würfel schneiden.

Den Lauch putzen, in feine Streifen schneiden.
Die Hälfte der Zwiebeln mit Knoblauch und Lauch in 1 EL Olivenöl andünsten. Das Sauerkraut zugeben, mit Gemüsebrühe und Wein ablöschen und ca. 15 Minuten köcheln lassen, bis alle Flüssigkeit verkocht ist.
Mit Salz und Pfeffer abschmecken.

Die Schnitzel dünn klopfen, mit Salz und Pfeffer würzen, das Sauerkraut darauf verteilen, zusammenrollen und mit einem Zahnstocher befestigen.
Butter und 1 EL Olivenöl erhitzen und die Rouladen rundum anbraten. Im Backofen bei 180 Grad ca. 10 Minuten garen.
Die restlichen Zwiebeln und den Kümmel in den Bratenfond geben, kurz andünsten, mit der Fleischbrühe ablöschen und aufkochen lassen.

Die Rouladen mit der Sauce servieren.

Zutaten
2 Portionen

2 Zwiebeln
1 Knoblauchzehe
50 g Lauch
2 EL Olivenöl
100 ml Gemüsebrühe
3 EL Weißwein
2 dünne Schweineschnitzel
  à 100 g
Salz
Pfeffer
80 g Sauerkraut
10 g Butter
1 EL Kümmel, gehackt
50 ml Fleischbrühe

Pro Portion	Kcal	KJ	Fett	Eiweiß	KH
Gesamt ca.	249,7	1005	11,5	24,3	7,6

Kalbsragout
mit Lauchzwiebeln

Zutaten
2 Portionen

4 Frühlingszwiebeln
2 Knoblauchzehen
50 g getrocknete Tomaten,
    in Öl eingelegt
1 EL Olivenöl
300 g Kalbsragout
Salz
Pfeffer
200 ml Fleischbrühe
50 ml Weißwein

Die Frühlingszwiebeln samt Röhrchen in 1 cm lange Stücke schneiden, Knoblauch schälen und fein hacken.

Die Tomaten auf Küchenkrepp abtropfen lassen und in Stücke schneiden.

Das Olivenöl erhitzen, die Fleischstücke rundum scharf anbraten und mit Salz und Pfeffer würzen.

Die Frühlingszwiebeln und Tomaten zugeben und kurz mitbraten.

Mit der Fleischbrühe und dem Wein ablöschen und ca. 1 Stunde zugedeckt bei kleiner Hitze schmoren. Wenn nötig, mit Salz und Pfeffer abschmecken.

Auf einem Teller anrichten und garnieren.

Pro Portion	Kcal	KJ	Fett	Eiweiß	KH
Gesamt ca.	289,0	1216	16,1	29,4	2,3

Schweinefilet
mit Tomatenpesto

Die Zucchini waschen, den Knoblauch schälen und beides in Scheiben schneiden.

Die Tomaten auf Küchenkrepp abtropfen lassen, stückeln und die Petersilie klein hacken.
1 EL Olivenöl erhitzen, den Knoblauch andünsten, Zucchini beifügen und goldgelb anbraten.
Die Hälfte der Petersilie darüberstreuen, Gemüsebrühe dazugießen und auf kleiner Flamme ca. 5 Minuten dünsten. Mit Salz und Pfeffer würzen.
Das Gemüse in einer Gratinform verteilen. Tomaten, Pinienkerne, Parmesan und Petersilie im Cutter fein hacken.

Das Filet in Stücke schneiden (je ca. 50 g), in heißem Olivenöl beidseitig etwa 3 Minuten anbraten.
Die Medaillons auf die Zucchini setzen, das Pesto darüber verteilen und mit Rahm begießen.

Im vorgeheizten Backofen bei 180 Grad ca. 10 Minuten überbacken.

Zutaten
2 Portionen

500 g Zucchini
2 Knoblauchzehen
100 g getrocknete Tomaten, in Öl eingelegt
1 Bund Petersilie
2 EL Olivenöl
50 ml Gemüsebrühe
Salz
Pfeffer
1 EL Pinienkerne
30 g Parmesan, gerieben
300 g Schweinefilet
2 EL Sauerrahm 10%

Pro Portion	Kcal	KJ	Fett	Eiweiß	KH
Gesamt ca.	395,3	1623	21,3	39,7	8,9

Schweinekotelett mit Senfsauce

Zutaten
2 Portionen

1 kleine Zwiebel
1 EL Olivenöl
10 g Butter
2 Schweinekoteletts
Pfeffer
Salz
50 ml Gemüsebrühe
3 EL Sahne
1 EL Dijonsenf
Petersilie

Die Zwiebel schälen und in sehr feine Würfel schneiden.

Das Olivenöl und die Butter in einer Pfanne erhitzen, die Koteletts mit Pfeffer und Salz würzen und in das heiße Fett geben.

Auf jeder Seite ca. 3 Minuten stark anbraten, aus der Pfanne nehmen und warm stellen.

Die Zwiebel in den Bratenfond geben, etwas anschwitzen, mit der Gemüsebrühe und der Sahne ablöschen. Aufkochen bis der Sud um die Hälfte reduziert ist.

Vom Herd nehmen, den Senf und die Petersilie einrühren.

Die Sauce auf die Koteletts löffeln und servieren.

Pro Portion	Kcal	KJ	Fett	Eiweiß	KH
Gesamt ca.	327,1	1374	17,8	31,4	1,4

Kalbsroulade
mit Spargel

Den Spargel putzen, das untere Drittel schälen und in kochendem Salzwasser 3 Minuten garen.

Die Kalbsrouladen dezent salzen, pfeffern, mit je einer Scheibe Schinken und 4 Spargelstangen belegen.

Mit Spießen feststecken.
2 EL Olivenöl erhitzen und die Rouladen rundherum kross anbraten. Weißwein und Kalbsfond dazugießen und bei milder Hitze im geschlossenen Topf ca. 30 Minuten garen.

Den übrigen Spargel in Stücke schneiden.

Zwiebel schälen und würfeln, Petersilie fein hacken. 1 EL Olivenöl, Balsamico, Petersilie, Pfeffer und Salz verrühren. Die Vinaigrette mit dem Spargel mischen.

Die Rouladensauce mit Salz und Pfeffer würzen und das Fleisch mit Sauce und Spargelsalat auf Tellern anrichten.

Zutaten
2 Portionen

500 g grüner Spargel
2 Kalbsrouladen (à 150 g)
Salz
Pfeffer
2 Scheiben Schinken, roh
3 EL Olivenol
50 ml Weißwein
200 ml Kalbsfond
1 Zwiebel
1 EL Petersilie
1 EL Balsamico Bianco

Pro Portion	Kcal	KJ	Fett	Eiweiß	KH
Gesamt ca.	426,0	1777,3	22,2	36,5	9,8

Kalbfleisch
in Sardellensauce

Zutaten
2 Portionen

1 Zitrone, unbehandelt
300 g Kalbfleisch
3 EL Sahne
Johannisbrotkernmehl
4 Sardellenfilets
1 EL Kapern
Salz
Pfeffer
1 Eigelb
Limette, unbehandelt
Petersilie

Die Zitrone in Scheiben schneiden, in kochendes Salzwasser geben, Kalbfleisch zufügen und bei milder Hitze ca. 1,5 Stunden garen.

50 ml der heißen Kochbrühe zusammen mit der Sahne und einer Messerspitze Johannisbrotkernmehl zu einer cremigen Sauce verrühren.

Die Sardellenfilets und die Kapern mit einer Gabel zerdrücken und unter die Sauce rühren.

Mit Salz und Pfeffer abschmecken und dem Eigelb legieren.

Das Kalbfleisch in große Würfel schneiden, in einer Schüssel anrichten und mit der Sauce übergießen.

Mit einer Limettenscheibe, Petersilie und Sardellenfilet garnieren.

Pro Portion	Kcal	KJ	Fett	Eiweiß	KH
Gesamt ca.	242,0	1013	11,8	30,9	1,3

Rehschnitzel
auf Wintersalat

Die Rehschnitzel mit Salz und Pfeffer würzen und in heißem Olivenöl auf beiden Seiten ca. 3 Minuten anbraten, dann warm stellen.

Rote Bete schälen, zunächst in Scheiben, dann in schmale Stifte schneiden.

Den Apfel schälen, halbieren, entkernen, auch in Stifte schneiden und sofort mit der ausgepressten Zitrone beträufeln.

Die Salate putzen, waschen, trocknen und in mundgerechte Blätter zupfen.

2 EL Olivenöl, Balsamico, Pfeffer und Salz verrühren.

Apfel und Rote-Bete-Stifte, sowie die Blattsalate auf einem großen Teller anrichten.

Mit der Vinaigrette beträufeln und die Rehschnitzel darauf setzen.

Zutaten
2 Portionen

300 g Rehschnitzel
Salz
Pfeffer
4 EL Olivenöl
100 g Rote Bete, gekocht
1 Apfel
1/2 Zitrone, Saft
1 Eichblattsalat
100 g Feldsalat
2 EL Balsamico Bianco

Pro Portion	Kcal	KJ	Fett	Eiweiß	KH
Gesamt ca.	319,9	1343	15,7	36,2	8,7

Kalbsfilet
auf Fenchelgemüse

Zutaten
2 Portionen

400 g Fenchel
1 Zwiebel
1 Knoblauchzehe
4 Kalbsfilets (à 60 g)
2 EL Olivenöl
Salz
Pfeffer
50 ml Weißwein
100 ml Kalbsfond
3 Thymianzweige
100 g kernlose Trauben

Den Fenchel putzen, halbieren und in feine Streifen
schneiden.
Zwiebel und Knoblauch schälen, Zwiebel fein würfeln,
Knoblauch hacken.

Das Fleisch in heißem Olivenöl auf jeder Seite ca. 2 Minuten
goldbraun anbraten, mit Salz und Pfeffer würzen, herausnehmen, fest in Alufolie wickeln und warm stellen.

Zwiebeln, Knoblauch und Fenchel in den Bratenfond geben
und unter Rühren ca. 5 Minuten dünsten.

Mit Wein und Kalbsfond ablöschen, einen Thymianzweig zugeben und bei milder Hitze ca. 10 Minuten schmoren.
Mit Salz und Pfeffer abschmecken.
Trauben waschen, halbieren, unter den Fenchel heben und
bei kleiner Hitze kurz erwärmen.

Das Gemüse mit dem Fleisch anrichten und mit einem
Thymianzweig garnieren.

Pro Portion	Kcal	KJ	Fett	Eiweiß	KH
Gesamt ca.	283,8	1182	8,8	32,9	12,9

Rinderhüftsteak
mit Austernpilzen

Die Austernpilze putzen und ja nach Größe halbieren.
Zwiebel schälen und in feine Würfel schneiden.

Karotten und Pastinaken schälen, in Scheiben schneiden und
in kochendem Salzwasser ca.10 Minuten garen. Mit einem
Pürierstab pürieren.

Die Hüftsteaks in heißem Olivenöl in einer unbeschichteten
Pfanne von jeder Seite 1 Minute scharf anbraten.

Im vorgeheizten Ofen bei 180 Grad 8 Minuten fertig garen.

Zwiebeln und Austernpilze in den Bratenfond geben, 3 Minuten
dünsten, mit dem Wein und dem Rinderfond ablöschen und
ca. 5 Minuten köcheln.

Mit Salz, Pfeffer und Muskat abschmecken.

Pilze, Gemüse und Fleisch auf einem Teller anrichten.

Zutaten
2 Portionen

300 g Austernpilze
1 Zwiebel
150 g Karotten
150 g Pastinaken
2 Rinderhüftsteaks (à 200 g)
2 EL Olivenöl
50 ml Weißwein
100 ml Rinderfond
Salz
Pfeffer
Muskat

Pro Portion	Kcal	KJ	Fett	Eiweiß	KH
Gesamt ca.	399,9	1681	14,6	48,4	13,9

GEFLÜGEL

Hähnchen
mit Kokossauce

Zutaten
2 Portionen

300 g Hähnchenbrustfilet
Salz
Weißer Pfeffer
2 EL Olivenöl
1 Tasse Hühnerbrühe
2 EL Kokosflocken
2 EL cremige Kokosmilch
Curry
Ingwer
10 g Haselnüsse, gehackt
2 Scheiben frische Ananas

Die Hähnchenfilets kalt abwaschen und mit Küchenkrepp trocken tupfen.
Mit Salz und einem Hauch weißem Pfeffer würzen.

Das Olivenöl in einer Pfanne erhitzen und die Filets langsam goldgelb braten.

Die Hühnerbrühe erhitzen, Kokosflocken und Kokosmilch hinzufügen und bei geringer Temperatur 5 Minuten köcheln lassen.

Mit Curry, Ingwer, Salz und Pfeffer abschmecken.
Die Ananasscheiben auf einer Platte anrichten und warm stellen.

Das Hähnchenbrustfilet in Scheiben schneiden, auf die Ananas legen und die Kokossauce darauf verlteilen.

Mit den gehackten Haselnüssen garnieren.

Pro Portion	Kcal	KJ	Fett	Eiweiß	KH
Gesamt ca.	254,6	1057	11,3	29,5	6,2

Chinesische Gemüsepfanne

Die Hähnchenschnitzel in Würfel schneiden.

Den Weißkohl vierteln, den Strunk entfernen und in Würfel schneiden.
Paprika in feine Streifen und den Porree in dünne Ringe schneiden.
Die Bohnenkeime waschen und auf einem Sieb abtropfen lassen.
Olivenöl in einer Pfanne erhitzen und die Fleischwürfel von allen Seiten goldbraun anbraten. Dann wieder aus der Pfanne nehmen.

Weißkohlwürfel in das Bratenfett geben, die Gemüsebrühe zufügen und ca. 15 Minuten bei schwacher Hitze dünsten.
5 Minuten vor Ende der Garzeit Paprikastreifen, Porreeringe und Bohnenkeimlinge zufügen.

Das Fleisch zum Gemüse geben und herzhaft mit Sojasauce, Salz und Pfeffer abschmecken.

Zutaten
2 Portionen

300 g Hähnchenschnitzel
200 g Weißkohl
1 rote Paprikaschote
200 g Porree
100 g Bohnenkeimlinge
400 ml Gemüsebrühe
2 EL Olivenöl
2 EL Sojasauce
Salz
Weißer Pfeffer

Pro Portion	Kcal	KJ	Fett	Eiweiß	KH
Gesamt ca.	251,2	1023	6,7	34,9	10,9

Pute auf Blattspinat

Zutaten
2 Portionen

2 EL Sesamsamen
400 g Blattspinat
300 g Putenschnitzel
1 TL Speisestärke
2 EL Olivenöl
1 Knoblauchzehe
50 ml Hühnerbrühe
Curry
Salz
Pfeffer

Pfanne erhitzen und die Sesamsamen unter Rühren goldgelb rösten, herausnehmen und beiseite stellen.
Den Spinat verlesen, harte Stiele abschneiden, waschen und abtropfen lassen.

Die Putenschnitzel in etwa 2 cm dicke Stücke schneiden, mit der Speisestärke bestäuben und mit den Fingerspitzen leicht einmassieren.

Das Olivenöl in einer Pfanne erhitzen und die Fleischstücke rundherum goldgelb braten. Leicht salzen und auf einen Abtropfrost legen.
Die Knoblauchzehe schälen und durch die Presse in das Bratfett drücken.

Den Spinat hinzufügen, unter Rühren zusammenfallen lassen und mit der Hühnerbrühe auffüllen.

Das Fleisch und die Sesamsamen unterrühren, mit Curry, Salz und Pfeffer abschmecken.

Pro Portion	Kcal	KJ	Fett	Eiweiß	KH
Gesamt ca.	301,6	1262	14,9	38,0	7,5

Entenbrust auf Wirsing

Den Wirsing putzen, waschen und in feine Streifen schneiden.

2 EL Olivenöl erhitzen, den Wirsing hinzufügen und kräftig andünsten.
Mit Gemüscbrühe ablöschen, die Sahne zugeben, mit Salz und Muskat abschmecken.

Zugedeckt bei schwacher Hitze ca. 20 Minuten köcheln lassen.

Die Entenbrust waschen, trocken tupfen und die Haut kreuzweise einschneiden. In 1 EL Olivenöl erst auf der Hautseite, dann auf der Fleischseite je 5 Minuten anbraten.

Mit Salz und Pfeffer würzen.
Bei mittlerer Hitze weitere 15 Minuten braten, dabei mehrmals wenden.

Das Filet herausnehmen, in Scheiben schneiden und mit dem Wirsing auf einer Platte anrichten.

Zutaten
2 Portionen

500 g Wirsing
3 EL Olivenöl
100 ml Gemüsebrühe
50 ml Sahne
Salz
Muskat
300 g Entenbrustfilet
Pfeffer

Pro Portion	Kcal	KJ	Fett	Eiweiß	KH
Gesamt ca.	447,0	1926	31,1	28,4	8,5

Hähnchenbrust
in Apfel-Balsamico

Zutaten
2 Portionen

1 Zwiebel
10 g Butter
2 Äpfel
100 ml Rotwein
2 EL Balsamico
Muskat
Zimt
Salz
Pfeffer
300 g Hähnchenbrustfilet
2 EL Olivenöl

Die Zwiebel schälen, fein hacken und in der Butter glasig dünsten.

Die Äpfel schälen, vierteln, entkernen und in kleine Würfel schneiden.
Zu den Zwiebeln geben und kurz mitdünsten.

Den Rotwein und Balsamico zugeben, mit Muskat, Zimt, Salz und Pfeffer abschmecken.
Zugedeckt ca.15 Minuten weich dünsten, danach pürieren.

Die Hähnchenfilets kalt abwaschen und mit Küchenkrepp trocken tupfen. Mit Salz und einem Hauch weißem Pfeffer würzen.

Das Olivenöl in einer Pfanne erhitzen und die Filets langsam goldgelb braten.

Das Apfel-Zwiebelpüree dem Hähnchenfleisch zugeben und nach Belieben nachwürzen.

Pro Portion	Kcal	KJ	Fett	Eiweiß	KH
Gesamt ca.	288,8	1198	10,6	30,2	13,8

Huhn
in Madras-Currysauce

Die Hähnchenkeulen häuten, kalt abwaschen und mit Küchenkrepp trocken tupfen.

Den Ingwer schälen und in feine Würfel schneiden.

Die Zwiebel schälen und in Ringe schneiden.

Die Butter erhitzen, Ingwer und Zwiebel unter Rühren goldbraun anbraten. Currypulver zugeben und 2 Minuten mit andünsten.

Die Tomaten mit Saft, Nelke, Zimtstange, Zitronensaft und Kardamom hinzufügen.

Die Hähnchenkeulen salzen, in die Sauce legen, einmal gut umrühren und zugedeckt 15 Minuten auf mittlerer Hitze köcheln lassen.

Mit Limettenscheiben garnieren.

Zutaten
2 Portionen

2 Hähnchenkeulen à 250 g
30 g Ingwer
1 Zwiebel
1 EL Butter
1 EL Madras-Currypulver
1 Dose geschälte Tomaten (425 g)
1 Nelke
1 Zimtstange
1 EL Zitronensaft
Kardamom
Salz

Pro Portion	Kcal	KJ	Fett	Eiweiß	KH
Gesamt ca.	340,8	1410	11,8	44,3	8,3

Hähnchenbrust
mit Mango

Zutaten
2 Portionen

300 g Hähnchenbrustfilet
Salz
Pfeffer
2 EL Erdnussöl
1 Stange Lauch
1 rote Paprika
20 g Ingwer
2 Chicorée
1 Mango
1 TL Currypulver
Zitronengraspulver
1 Limette, Saft
2 EL Sojasauce

Die Hähnchenbrustfilets kalt abwaschen, mit Küchenkrepp trocken tupfen. In Streifen schneiden, salzen und pfeffern.

Das Öl im Wok erhitzen, das Fleisch unter ständigem Wenden ca. 5 Minuten kräftig anbraten.
Zum Warmhalten an den Wokrand schieben.

Den Lauch und die Paprikaschote putzen, waschen und in Streifen schneiden.

Den Ingwer schälen und raspeln.

Alles in den Wok geben und ca. 4 Minuten andünsten.

Geputzte und in Stücke geschnittene Chicorée und gewürfeltes Mangofleisch hinzufügen und kurz mitschmoren lassen.

Das Hähnchenfleisch zugeben und mit Curry, Zitronengras-pulver, Limettensaft und Sojasauce abschmecken.

Pro Portion	Kcal	KJ	Fett	Eiweiß	KH
Gesamt ca.	243,2	1018	6,8	32,1	13,3

Puten-Rouladen
mit Pfifferlingen

Die Putenschnitzel waschen, trocken tupfen, etwas flach klopfen und mit Salz und Pfeffer würzen.

Mit Schinken und dem in Scheiben geschnittenen Mozzarella belegen.
Zu Rouladen rollen, mit Zahnstocher zustecken und in heißem Olivenöl goldgelb anbraten.
Mit der Hühnerbrühe ablöschen und zugedeckt bei mittlerer Hitze ca. 20 Minuten schmoren.

Den Feldsalat putzen, waschen und mit einer Marinade aus Essig, Öl und Salz anmachen.

Die Pfifferlinge putzen, die Zwiebel schälen und in kleine Würfel schneiden.
Zwiebel in heißem Olivenöl anschwitzen, Pfifferlinge zugeben und ca. 5 Minuten köcheln lassen

Die Rouladen mit den Pfifferlingen auf dem Feldsalat anrichten.

Zutaten
2 Portionen

2 Putenschnitzel à 150 g
Salz
Pfeffer
2 Scheiben roher Schinken
50 g Mozzarella
200 ml Hühnerbrühe
100 g Feldsalat
1 EL weißer Balsamico
3 EL Olivenöl
100 g Pfifferlinge
1 Zwiebel

Pro Portion	Kcal	KJ	Fett	Eiweiß	KH
Gesamt ca.	394,6	1641	23,3	40,2	6,4

Hähnchenbrust
mit Limburger

Zutaten
2 Portionen

300 g Hähnchenbrustfilet
200 g frischer Blattspinat
2 Scheiben gekochter Schinken
100 g Limburger
1 TL gestoßener Koriander
1 Ei
40 g Haselnüsse, gemahlen
2 EL Olivenöl
Salz
Weißer Pfeffer
Muskat

In die gewaschenen Hähnchenbrüste seitlich eine Tasche einschneiden, salzen und pfeffern.
Den Spinat putzen, waschen und kurz in heißem Wasser blanchieren.

Auf eine Schinkenscheibe jeweils 4 Spinatblätter ausbreiten. Limburger in kleine Würfel schneiden, portionsweise auf die Spinatblätter legen und mit Koriander bestreuen.

Den Schinken zusammenklappen, in die Tasche der Hähnchenbrüste schieben und mit Zahnstochern befestigen
Die Hähnchenbrüste in verquirltem Ei und dann in den gemahlenen Haselnüssen wenden.

Das Olivenöl in einer Pfanne erhitzen und das Fleisch bei mäßiger Hitze goldbraun braten.

Den restlichen blanchierten Spinat mit Salz, Pfeffer und Muskat würzen und zusammen mit dem Hähnchen auf einem Teller anrichten.

Pro Portion	Kcal	KJ	Fett	Eiweiß	KH
Gesamt ca.	460,3	1926	23,9	53,7	4,5

70

Hähnchenspieß
auf Rucola

Den Knoblauch schälen und pressen.
Den Ingwer schälen und fein reiben.

Den Sahnejoghurt mit Knoblauch, Ingwer, Curry, Zimt,
Cayennepfeffer, Öl und Limettensaft verrühren.
Rucola putzen, waschen und abtropfen lassen.
Die Hähnchenbrüste waschen und trocken tupfen.

Das Fleisch in ca. 2 cm große Würfel schneiden, zum Joghurt
geben und vermischen. Mit Folie abdecken und über Nacht
im Kühlschrank durchziehen lassen.

Die Tomaten waschen, die Zwiebeln schälen und vierteln. Das
Helle der Frühlingszwiebeln in 2 cm große Stücke schneiden.
Das marinierte Fleisch, die Tomaten, Frühlingszwiebeln und
Zwiebeln abwechselnd auf die Holzspieße stecken.
Auf einem mittelheißen Grill rundherum ca. 8 Minuten garen.

Anschließend mit Salz und Pfeffer würzen und auf einem Bett
aus Rucola anrichten.

Zutaten
2 Portionen

1 Knoblauchzehe
20 g Ingwer
150 g Sahnejoghurt
1 EL Currypulver
1 TL Zimt
Cayennepfeffer
1 EL Olivenöl
1 EL Limettensaft
50 g Rucola
300 g Hähnchenbrustfilet
150 g Kirschtomaten
2 kleine Zwiebeln
2 Stangen Frühlingszwiebeln
Salz
Pfeffer

Pro Portion	Kcal	KJ	Fett	Eiweiß	KH
Gesamt ca.	280,0	1173	9,6	35,2	12,3

71

Puten-
Cordon-bleu

Zutaten
2 Portionen

2 Putenschnitzel à 150 g
2 Scheiben gekochter Schinken
2 Scheiben Käse 30%
30 g Räucherspeck
1 rote Paprikaschote
1/2 Salatgurke
1 kleine Zwiebel
2 EL Olivenöl
100 ml Fleischbrühe
30 ml Sahne
Weißer Pfeffer
Salz

Die Putenschnitzel kalt abwaschen, trocken tupfen und die Innenseite mit Salz und Pfeffer bestreuen.
Je eine Schinken und Käsescheibe darauflegen, zusammenrollen und die Öffnung mit einem Zahnstocher zustecken.

Das Olivenöl in einer Pfanne erhitzen und die Putenschnitzel goldbraun anbraten. Mit der Fleischbrühe ablöschen und ca. 15 Minuten bei mittlerer Hitze köcheln lassen. Die Paprikaschote waschen, halbieren, Kerne entfernen und in feine Streifen schneiden.
Die Gurke schälen, halbieren und streifig schneiden.

Den Speck würfeln, die Zwiebel schälen und in Ringe schneiden. Die Putenrouladen aus dem Topf nehmen und warm stellen. Den Speck kurz anrösten, das Gemüse zugeben und unter Rühren kräftig anschmoren.
Mit etwas Bratenfond und Sahne ablöschen, alles 3 Minuten köcheln lassen und mit Salz und Pfeffer abschmecken.

Die Rouladen aufschneiden und auf das Gemüse legen.

Pro Portion	Kcal	KJ	Fett	Eiweiß	KH
Gesamt ca.	471,1	1973	30,0	45,1	4,8

Huhn
in Zitronensauce

Das Olivenöl in einer Pfanne erhitzen, die Hühnerteile hinzufügen und kräftig anbraten.

Das Fleisch herausnehmen und warm stellen.

Den Knoblauch und den Ingwer schälen, fein hacken und in
dem Bratfett andünsten.

Chili, Kreuzkümmel, Koriander und Kurkuma zugeben und ca.
2 Minuten mitdünsten.
Mit der Hühnerbrühe und 1 EL Limettensaft ablöschen.

Die angebratenen Hühnerteile zugeben und ca. 30 Minuten
schmoren lassen.
Am Ende mit offenem Topf etwas einkochen lassen.

Salatblätter auf einen Teller legen und die Hähnchenteile
darauf anrichten.

Mit Limettenscheiben und Kirschtomate dekorieren.

Zutaten
2 Portionen

2 EL Olivenöl
400 g Hühnerteile
3 Knoblauchzehen
20 g Ingwer
1/4 TL Chilipulver
1 TL gemahlener Kreuzkümmel
1/2 TL gemahlener Koriander
1/4 TL Kurkumapulver
100 ml Hühnerbrühe
1 Limette
2 Kirschtomaten
Salatblätter

Pro Portion	Kcal	KJ	Fett	Eiweiß	KH
Gesamt ca.	320,4	1338	21,9	28,2	1,8

Putenroulade
mit Sauerkraut

Zutaten
2 Portionen

40 g Lauchblätter
80 g Sauerkraut
60 g Ananas ohne
    Zucker (Dose)
1 Chilischote
1 EL Rosinen
3 EL Frischkäse
2 Putenschnitzel à 150 g
Salz
Pfeffer
1 EL Rapsöl
250 ml Geflügelfond
100 ml Weißwein
1 TL Currypulver

Die Lauchblätter in heißem Salzwasser blanchieren, herausnehmen und gut abtropfen lassen.
Das Sauerkraut kurz mit kaltem Wasser abspülen, abtropfen
lassen und grob hacken.

Ananas in kleine Würfel und die Chilischote in feine Röllchen
schneiden. Sauerkraut, Ananas, Chili und Rosinen mit dem
Frischkäse vermengen.

Die Putenschnitzel waschen, trocken tupfen und mit Salz und
Pfeffer würzen.
Die Schnitzel mit Lauchblättern belegen, mit der Ananas-
Sauerkrautmasse bestreichen, einrollen und mit Bindfaden
einen Kreuzbund machen.
Das Rapsöl in einer Pfanne erhitzen, die Putenroulade rundum
goldbraun anbraten.

Mit Geflügelfond ablöschen, den Weißwein aufgießen, mit
Curry, Salz und Pfeffer abschmecken.
Im Ofen bei 180 Grad 20 bis 25 Minuten garen.

Pro Portion	Kcal	KJ	Fett	Eiweiß	KH
Gesamt ca.	382,6	1599	17,6	41,5	8,7

Hähnchen
mit Zuckerschoten

Den Ingwer schälen, fein reiben und aus Limettensaft, Sesam-öl, Salz, Cayennepfeffer, Kokosflocken und Curry eine Marinade herstellen.
Die Zuckerschoten putzen, waschen und in heißem Salzwasser ca. 3 Minuten blanchieren.
Das Gemüse in ein Sieb schütten, sofort abschrecken und gut abtropfen lassen.

Filets waschen, mit Küchenkrepp trocken tupfen und in Streifen schneiden. Das Ei mit der Sojasauce und dem Senf verquirlen.
Die Hähnchenstreifen erst leicht im Ei wenden, dann im Sesam panieren.
Die Zuckerschoten mit der Marinade mischen und auf einer Platte anrichten.
Die Hähnchenstreifen in heißem Olivenöl bei mittlerer Hitze goldbraun braten.

Auf dem Zuckerschotensalat verteilen und mit Kirschtomaten und Schnittlauch garnieren.

Zutaten
2 Portionen

20 g Ingwer
2 EL Limettensaft
3 EL Sesamöl
Salz
Cayennepfeffer
1 EL Kokosflocken
1 TL Currypulver
200 g Zuckerschoten
300 g Hähnchenbrustfilet
1 Ei
1 EL Sojasauce
1 TL Senf
3 EL Olivenöl
30 g Sesamsaat, geschält
2 Kirschtomaten
Schnittlauch

Pro Portion	Kcal	KJ	Fett	Eiweiß	KH
Gesamt ca.	378,7	1575	22,0	36,2	9,2

Hähnchenbrust
mit Lauchflan

Zutaten
2 Portionen

1 Stange Lauch
2 Eier
125 ml Milch
Salz
Pfeffer
Muskat
10 g Butter
300 g Hähnchenbrustfilet
2 Schalotten
1 EL Olivenöl
200 ml Hühnerbrühe
1 Zitrone, Saft und
    abgeriebene Schale
50 ml Sahne

Den Lauch putzen, waschen und sehr fein schneiden.
In heißem Salzwasser kurz blanchieren.
Die Eier mit der Milch verquirlen, mit Salz, Pfeffer und Muskat
würzen. Den Lauch zugeben und die Masse in ausgebutterte
Tassen oder Souffléförmchen füllen.

In ein Wasserbad geben und im Ofen bei 180 Grad ca. 30
Minuten stocken lassen. Dann aus der Form stürzen.
Die Hähnchenbrüste waschen, trocken tupfen und mit Salz
und Pfeffer würzen.

Die Schalotten in feine Ringe schneiden und in einer Pfanne
mit heißem Olivenöl anschwitzen. Das Hähnchenfleisch zugeben, von allen Seiten anbraten und mit der Hühnerbrühe aufgießen.
Die Brühe um die Hälfte einkochen lassen, Zitronensaft,
Schale und Sahne zugeben und nochmals kurz aufkochen.

Das Hähnchenfleisch aufschneiden, mit dem Lauchflan auf
einer Platte anrichten und die Sauce verteilen.

Pro Portion	Kcal	KJ	Fett	Eiweiß	KH
Gesamt ca.	331,5	1387	16,5	35,9	7,9

Hähnchenkeulen
in pikanter Sauce

Die Hähnchenkeulen waschen, trocken tupfen und die Haut mehrfach einschneiden.

Den Knoblauch schälen und zerdrücken.
Die Limette heiß abwaschen, abtrocknen, Schale abreiben und den Saft auspressen.
Aus Limettensaft und Schale, Knoblauch, Sojasauce, Salz, Pfeffer und Rapsöl ein Dressing erstellen.

Die Hähnchenkeulen mehrere Stunden darin marinieren. Keulen auf einem geölten Rost ca. 20 Minuten grillen.
Radieschen putzen, Kohlrabi schälen, beides klein schneiden.
Den Dill fein hacken. Zwiebel schälen, fein würfeln.
Dill und Zwiebeln mit saurer Sahne und Joghurt mischen.

Mit dem geriebenen Meerrettich, Salz und Pfeffer abschmecken und unter das Gemüse mischen.

Hähnchen und Gemüse auf einem Teller anrichten und mit einem Petersilienzweig garnieren.

Zutaten
2 Portionen

2 Hähnchenkeulen
1 Knoblauchzehe
1 Limette
2 EL Sojasauce
Salz
Pfeffer
2 EL Rapsöl
1 Bund Radieschen
1 Kohlrabi
1 Bund Dill
1 Zwiebel
50 g saure Sahne 10%
50 g Joghurt
1 EL geriebener Meerrettich
Petersilie

Pro Portion	Kcal	KJ	Fett	Eiweiß	KH
Gesamt ca.	314,4	1316	11,6	42,3	7,9

Hähnchenbrust auf Spitzkohl

Zutaten
2 Portionen

500 g Spitzkohl
1 Zwiebel
20 g Butter
100 ml Gemüsebrühe
300 g Hähnchenbrustfilet
Salz
Pfeffer
2 EL Olivenöl
Butter
2 Scheiben gekochter Schinken
2 Scheiben Edamer
Paprikapulver

Den Spitzkohl waschen, putzen und in Streifen schneiden. Die Zwiebel schälen und fein würfeln.

Die Butter in einem Topf erhitzen und die Zwiebeln glasig dünsten. Den Spitzkohl und die Gemüsebrühe zugeben, mit Salz und Pfeffer würzen und zugedeckt ca. 15 Minuten köcheln lassen.
Das Fleisch kalt abwaschen, trocken tupfen, mit Salz und Pfeffer würzen.

Das Olivenöl erhitzen und das Hähnchenfleisch 5 Minuten von jeder Seite braten.
Eine feuerfeste Form mit etwas Butter ausfetten, den Spitzkohl einfüllen und die Hähnchenbrustfilets darauf verteilen. Zuerst mit einer Scheibe Schinken, dann mit dem Käse belegen.
Im vorgeheizten Backofen bei 200 Grad ca. 5 Minuten überbacken.

Vor dem Servieren mit Paprikapulver bestreuen.

Pro Portion	Kcal	KJ	Fett	Eiweiß	KH
Gesamt ca.	328,0	1456	15,9	37,3	10,9

Entenbrust
in Käsesauce

Die Bohnen putzen, waschen und in Salzwasser ca. 10 Minuten garen.
Die Entenbrust waschen, trocken tupfen, mehrfach einritzen und mit Pfeffer einreiben.

Das Olivenöl in einer Pfanne erhitzen, das Fleisch zuerst mit der Fettseite nach unten, dann auf der Fleischseite scharf anbraten. Salzen, die Hitze reduzieren, ca.10 Minuten weiterbraten und mehrfach wenden.

Das Filet herausnehmen, in Alufolie wickeln und warm halten. Den Geflügelfond in die Bratpfanne gießen, den Käse in Stücken zugeben und unter Rühren cremig einkochen lassen.

Mit Sherry und Pfeffer abschmecken.
Die Tomaten waschen, in Spalten schneiden und kurz in der Sauce erwärmen.

Das Filet in Scheiben schneiden, zusammen mit den Bohnen und der Sauce anrichten.

Zutaten
2 Portionen

300 g grüne Bohnen
300 g Entenbrustfilet
Pfeffer
1 EL Olivenöl
Salz
100 ml Geflügelfond
120 g milder Edelpilzkäse
1 EL Sherry
4 Kirschtomaten

Pro Portion	Kcal	KJ	Fett	Eiweiß	KH
Gesamt ca.	482,4	2018	35,6	33,4	4,4

Fisch
und
Meeresfrüchte

Gurken-Apfelsalsa mit Lachs

Zutaten
2 Portionen

1 rote Zwiebel
1 Apfel
1/2 Salatgurke
1 Limette, unbehandelt
2 EL Olivenöl
Cayennepfeffer
1/2 Bund Koriander
3 Minzezweige
Salz
Pfeffer
1 Zitrone, unbehandelt
400 g Lachs

Die Zwiebel schälen und klein hacken.

Apfel und Gurke schälen, entkernen und fein würfeln.

2 EL Limettensaft, abgeriebene Limettenschale, Olivenöl, Cayennepfeffer, gehackte Kräuter mischen und mit Salz und Pfeffer abschmecken.

Zwiebel, Gurke und Apfel mit der Marinade mischen und etwas ziehen lassen.

In einem Topf Salzwasser mit Zitronenscheiben aufkochen. Den Lachs waschen, in das heiße Wasser geben und ca. 5 Minuten gar ziehen lassen.

Das Gurken-Apfelsalsa auf einem Teller anrichten, den Lachs darauf legen und mit einem Minzezweig garnieren.

Pro Portion	Kcal	KJ	Fett	Eiweiß	KH
Gesamt ca.	390,9	1633	22,7	39,0	6,0

Seelachsfilet
mit Curry-Chicorée

In einen Topf Wasser mit Zitronensaft, Lorbeerblatt, Pfefferkörnern und Salz aufkochen.
Das Fischfilet waschen und ca. 8 Minuten im siedenden Wasser ziehen lassen.

Chicorée waschen, putzen, das Wurzelende entfernen und in 3 cm breite Streifen schneiden.
Zwiebel schälen und klein kacken.
Olivenöl erhitzen, Zwiebel goldgelb anbraten, die Chicorée-streifen dazugeben und kurz mitbraten.

1/8 l Fischsud über das Gemüse gießen und zugedeckt ca. 8 Minuten köcheln lassen.

Das gare Fischfilet aus dem Sud nehmen und in Stücke schneiden.
Die Sahne mit Salz, Pfeffer und Currypulver verrühren, zum Gemüse geben, die Filetstücke einlegen und kurz erhitzen.

Mit gehackter Petersilie garnieren.

Zutaten
2 Portionen

2 EL Zitronensaft
1/2 Lorbeerblatt
3 weiße Pfefferkorner
Salz
400 g Seelachsfilet
400 g Chicorée
2 EL Olivenöl
1 Zwiebel
100 ml Sahne
Pfeffer
1 TL Currypulver
Petersilie

Pro Portion	Kcal	KJ	Fett	Eiweiß	KH
Gesamt ca.	345,1	1446	17,0	40,3	6,8

Kabeljaufilet im Kohlblatt

Zutaten
2 Portionen

4 Wirsingblätter
1 Stange Lauch
400 g Kabeljaufilet
3 EL Sojasauce
3 EL Sherry
Cayennepfeffer
1 EL Petersilie
20 g Butter
1 EL Olivenöl
250 ml Fischfond
Salz
Pfeffer

Vorsichtig 4 schöne große Wirsingblätter ablösen, waschen, in sprudelnd kochendem Salzwasser ca. 5 Minuten blanchieren, herausnehmen und sofort kalt abschrecken.

Im selben Wasser 3 Blätter der Lauchstange 3 Minuten blanchieren und abschrecken.
Den restlichen Lauch in Streifen schneiden und ca. 3 Minuten köcheln lassen.

Das Kabeljaufilet in Würfel schneiden, in einer Schüssel mit Sojasauce, Sherry, Cayennepfeffer und fein gehackter Petersilie mischen.

Auf je ein Kohlblatt die Fischmasse geben, zu einem Paket formen und mit drei 1 cm langen Lauchblatt-Streifen schnüren.

Butter und Öl erhitzen, die Päckchen kurz anbraten, Fischfond dazugießen, mit Salz und Pfeffer würzen und ca. 18 Minuten garen.

Pro Portion	Kcal	KJ	Fett	Eiweiß	KH
Gesamt ca.	291,8	1221	13,4	37,4	3,1

Garnelen mit Brokkoli

Zwiebeln und Knoblauch schälen und klein schneiden.

Den Brokkoli putzen, waschen und in kleine Röschen zerteilen, Karotten putzen und in Stifte schneiden.

Mandeln in der Pfanne ohne Fett goldbraun rosten und beiseite stellen.

Die Garnelen entdarmen, waschen, trocken tupfen, in heißem Olivenöl ca. 3 Minuten braten und warm stellen.

Zwiebeln und Knoblauch glasig dünsten, Brokkoli, Karotten und Gemüsebrühe zugeben und alles ca. 5 Minuten köcheln lassen.

Die Garnelen und Mandeln hinzufügen, mit Sojasauce, Zitronensaft, Pfeffer und Salz abschmecken.

Zutaten
2 Portionen

2 Zwiebeln
2 Knoblauchzehen
400 g Brokkoli
200 g Karotten
30 g Mandeln
300 g Garnelen
3 EL Olivenöl
250 ml Gemüsebrühe
2 EL Sojasauce
2 EL Zitronensaft
Salz
Pfeffer

Pro Portion	Kcal	KJ	Fett	Eiweiß	KH
Gesamt ca.	363,1	1522	17,0	40,0	9,8

Fischfrikadellen
mit Rettich

Zutaten
2 Portionen

400 g Rotbarschfilet
20 g Ingwer
1 Bund Schnittlauch
50 g Karotten
2 EL Sesamsamen, geschält
200 g Rettich, weiß
1 EL Zitronensaft
Salz
1 Ei
1 EL Sojasauce
3 EL Olivenöl
Petersilie

Die Fischfilets waschen, trocken tupfen, klein schneiden
und mit einem Mixstab pürieren.

Den Ingwer schälen und reiben, Schnittlauch in feine
Röllchen schneiden, Karotten schälen und fein stiften.

Die Sesamsamen in einer Pfanne unter Rühren goldgelb
rösten, beiseite stellen.

Rettich schälen, fein reiben, mit Zitronensaft und Salz
abschmecken, etwas ziehen lassen.

Ingwer, Karotten, Schnittlauch, Sesam und Ei mit dem Fisch-
püree mischen, mit etwas Salz und der Sojasauce würzen.
Das Olivenöl erhitzen, die Fischmasse zu Frikadellen formen
und goldgelb ausbacken.

Mit dem Rettich auf einem Teller anrichten und mit Petersilie
garnieren.

Pro Portion	Kcal	KJ	Fett	Eiweiß	KH
Gesamt ca.	368,5	1541	19,9	41,9	5,4

Zander
auf Sauerkraut

Das Sauerkraut mit kaltem Wasser abspülen, gut abtropfen lassen.

Den Apfel schälen, halbieren, entkernen und fein reiben.

Sauerkraut, Apfel, Balsamico, Gemüsebrühe, Sahne und das Lorbeerblatt in einen Topf geben, mit Kümmel, Salz und Pfeffer würzen, ca. 20 Minuten bei mittlerer Hitze garen.

Den Zander waschen, trocken tupfen, würzen, in Mehl wenden.

Das Olivenöl und die Butter erhitzen und den Fisch auf beiden Seiten leicht anbraten.
Die Trauben enthäuten, entkernen und halbieren.

Das Sauerkraut mit den Trauben auf einem Teller anrichten, den gebratenen Zander drauflegen und mit Limetten-scheiben und etwas Petersilie garnieren.

Zutaten
2 Portionen

300 g Sauerkraut
1 Apfel
1 EL Balsamico Bianco
200 ml Gemüsebrühe
2 EL Sahne
1 Lorbeerblatt
Kümmel, gemahlen
Salz
Pfeffer
400 g Zanderfilet
1 EL Mehl
1 EL Olivenöl
20 g Butter
100 g weiße Trauben
Limette
Petersilie

Pro Portion	Kcal	KJ	Fett	Eiweiß	KH
Gesamt ca.	359,3	1793,3	14,3	42,3	12,5

Gefüllter Kohlrabi mit Lachs

Zutaten
2 Portionen

4 Kohlrabi à 100 g
500 ml Gemüsebrühe
60 g Crème fraîche
1 TL mittelscharfer Senf
1 Bund Basilikum
Salz
Pfeffer
120 g geräucherter Lachs
Salatblätter

Die Kohlrabi schälen und die Deckel abschneiden.
Gemüsebrühe aufkochen, Kohlrabi und die Deckel in den Topf geben und auf mittlerer Hitze garen.

Die Deckel nach 6 Minuten herausnehmen, die Kohlrabi nach ca. 20 Minuten.
Etwas abkühlen lassen und das Fruchtfleisch mit einem Melonenausstecher aushöhlen.

Fruchtfleisch, 2 EL Gemüsebrühe, Crème fraîche, Senf und Basilikumblätter pürieren.
Mit Salz und Pfeffer abschmecken und in die Kohlrabi füllen.

Das Lachsfilet in feine Streifen schneiden, auf dem Gemüse anrichten und den Kohlrabi-Deckel darauf setzen.

Mit einem Klecks Füllung, einer Lachsscheibe und Basilikumblättchen garnieren.

Auf Salatblättern anrichten.

Pro Portion	Kcal	KJ	Fett	Eiweiß	KH
Gesamt ca.	317,5	1334	22,3	20,1	7,9

Kabeljaufilet
auf Wintersalat

Den Feldsalat und Radicchio putzen, waschen und trocken schleudern.

Radicchio in feine Streifen schneiden, Zwiebel schälen, halbieren und in feine Spalten schneiden.
Aus Balsamico, 2 EL Olivenöl, Pfeffer und Salz ein Dressing herstellen.

Den Feldsalat durch die Sauce ziehen und auf einem Teller kreisförmig anrichten.
Den Radicchio und die Zwiebel in der restlichen Sauce wenden und in der Tellermitte verteilen.

Den Fisch waschen, trocken tupfen, salzen und in Mehl wenden.
Die Butter und 1 EL Olivenöl erhitzen, das Filet auf jeder Seite ca. 4 Minuten goldgelb braten.

Auf dem Salat anrichten und mit Zitronenscheiben und Petersilienblättern garnieren.

Zutaten
2 Portionen

100 g Feldsalat
100 g Radicchio
1 rote Zwiebel
1 EL Balsamico Bianco
3 EL Olivenöl
Pfeffer
Salz
400 g Kabeljaufilet
1 EL Mehl
20 g Butter
Zitrone
Petersilie

Pro Portion	Kcal	KJ	Fett	Eiweiß	KH
Gesamt ca.	337,5	1702	18,4	36,3	5,2

Lachsnocken auf Blattsalat

Zutaten
2 Portionen

5 Scheiben weiße Gelatine
300 g Lachsfilet
100 ml Fischfond
1 Zitrone, unbehandelt
Pfeffer
Salz
100 g Sahne
1 EL Balsamico Bianco
2 EL Olivenöl
1 Kopfsalat
2 Kirschtomaten
2 Minzeblätter

Die Gelatine in kaltem Wasser einweichen.
Den Lachs in grobe Stücke schneiden.
Den Fond in einem Topf erhitzen, die Lachsstücke zugeben und zugedeckt ca. 5 Minuten dünsten.

Lachs mit Fond pürieren, 2 EL Zitronensaft und die Zitronenschale zugeben.
Mit Pfeffer und Salz abschmecken.
Die Gelatine tropfnass in einen kleinen Topf geben, bei kleiner Hitze auflösen und unter die Lachsmasse rühren.
Abkühlen lassen.
Die Sahne steif schlagen, unterheben, die Masse in eine Schüssel umfüllen und zugedeckt ca. 1 Stunde kalt stellen.
Balsamico, Olivenöl, Pfeffer und Salz verrühren, die gewaschenen Salatblätter auf einer Platte anrichten und mit der Marinade beträufeln.
Von dem Lachsmousse mit zwei Löffeln Nocken abstechen und auf die Salatblätter verteilen.

Mit Kirschtomaten und Minzeblätter garnieren.

Pro Portion	Kcal	KJ	Fett	Eiweiß	KH
Gesamt ca.	398,5	1654	24,8	39,1	4,2

Matjestatar
mit Mango

Die Matjesfilets waschen, trocken tupfen und in kleine Würfel schneiden.

Die Frühlingszwiebeln in feine Ringe schneiden, Kapern klein hacken.

Die Mango schälen, halbieren, den Kern entfernen.

Eine Hälfte in dünne Scheiben, die andere in kleine Würfel schneiden.

Matjes, Mangowürfel, Frühlingszwiebeln und Kapern mischen und mit Balsamico, Olivenöl und Cayennepfeffer pikant würzen.

Den Matjestatar in zwei Schälchen verteilen, mit den Mangoscheiben und Frühlingszwiebeln garnieren.

Zutaten
2 Portionen

4 Matjesfilets
2 Frühlingszwiebeln
1 Mango
1 EL Kapern
1 EL Balsamico Bianco
2 EL Olivenöl
Cayennepfeffer

Pro Portion	Kcal	KJ	Fett	Eiweiß	KH
Gesamt ca.	446,0	1859	34,5	25,1	9,8

Curry-Garnelen
mit Gurke

Zutaten
2 Portionen

300 g Garnelenschwänze
1 Zwiebel
1 Knoblauchzehe
20 g Ingwer
1 kleine Salatgurke
3 Scheiben Ananas,
   Dose (ohne Zucker)
20 g Butter
1 EL Currypulver
125 ml Gemüsebrühe
3 EL cremige Kokosmilch
Cayennepfeffer
1 EL Sojasauce
2 Minzeblätter

Die Garnelen entdarmen, waschen und trocken tupfen.
Die Zwiebel und die Knoblauchzehe schälen und hacken.
Den Ingwer schälen und fein schneiden.

Die Salatgurke schälen, Gurke und 2 Ananasscheiben
klein würfeln.

Die Butter in einem Topf erhitzen, die Zwiebel und den
Knoblauch zufügen und glasig dünsten.

Curry und Ingwer zugeben, Gemüsebrühe und Kokosmilch
dazugießen und einmal aufkochen lassen.
Die Gurke, Ananas und Garnelenschwänze in die Sauce
geben und ca. 6 Minuten bei milder Hitze ziehen lassen.

Mit Cayennepfeffer und Sojasauce abschmecken und in
Schälchen anrichten.

Mit einer halben Ananasscheibe und einem Minzblatt
garnieren.

Pro Portion	Kcal	KJ	Fett	Eiweiß	KH
Gesamt ca.	239,8	1005	10,7	29,4	5,8

Rotbarsch-Auflauf
mit Käsekruste

Das Rotbarschfilet waschen, trocken tupfen.
Den Spinat antauen lassen.

Die Knoblauchzehe abziehen und zerdrücken.

Den Frischkäse mit Weißwein und Sahne glatt rühren,
mit Pfeffer, Knoblauch und Salz pikant abschmecken.

Eine Auflaufform mit der Butter ausfetten, den Spinat und den
Fisch einschichten. Jede Schicht salzen und pfeffern.

Die Käsesauce darüber verteilen und mit geriebenem Gouda
bestreuen.

Den Backofen auf 200 Grad vorheizen und den Auflauf ca.
20 Minuten garen.

Zutaten
2 Portionen

300 g Rotbarschfilet
300 g Blattspinat (TK)
1 Knoblauchzehe
150 g Frischkäse 20%
2 EL Weißwein
2 EL Sahne
Pfeffer
Salz
1 TL Butter
30 g geriebener Gouda

Pro Portion	Kcal	KJ	Fett	Eiweiß	KH
Gesamt ca.	387,3	1622	20,0	54,8	4,7

Sardinen
mit roten Zwiebeln

Zutaten
2 Portionen

400 g frische Sardinen
300 g rote Zwiebeln
3 Knoblauchzehen
2 EL Olivenöl
3 EL Balsamico Bianco
100 ml Gemüsebrühe
20 g Rosinen
30 g Pinienkerne
Salz
Pfeffer
2 EL Mehl
50 ml Olivenöl
Schnittlauch

Die Sardinen unter kaltem Wasser abwaschen und mit
Küchenkrepp trocken tupfen.

Die Zwiebeln und den Knoblauch schälen, in feine Streifen
schneiden und in heißem Olivenöl glasig dünsten.

Mit Balsamico und Gemüsebrühe ablöschen und auf ein
Drittel einkochen lassen. Rosinen und Pinienkerne zufügen
und ca. 5 Minuten auf geringer Hitze köcheln.

Mit Salz und Pfeffer abschmecken.

Die Sardinen in Mehl wenden, in heißem Öl auf jeder Seite
ca. 4 Minuten goldgelb braten.

Auf Küchenkrepp abtropfen lassen und mit Salz und Pfeffer
würzen.

Die Zwiebeln und Sardinen auf einem Teller anrichten und mit
Schnittlauch garnieren.

Pro Portion	Kcal	KJ	Fett	Eiweiß	KH
Gesamt ca.	485,3	2621	25,3	42,4	18,5

Kabeljau
mit Endivienröllchen

Die Pilze putzen, klein hacken, den Knoblauch schälen
und pressen. Lauch waschen, putzen und in kleine Ringe
schneiden.
Pilze und 1 Knoblauchzehe in 1 EL Olivenöl andünsten und
köcheln lassen, bis die Flüssigkeit verdampft ist.
Lauch zugeben, mit Salz und Pfeffer würzen und ca. 5 Minuten
garen.
Die Endivienblätter kurz in kochendes Wasser tauchen, trocken
tupfen, mit der Pilzmasse füllen und aufrollen.
Die Butter erhitzen und die Röllchen auf beiden Seiten goldgelb braten.
Tomaten häuten, klein würfeln, Zwiebel schälen, in feine
Streifen schneiden, Dill hacken.
Zwiebel in Olivenöl glasig dünsten, Tomaten, Dill und Knoblauch zugeben und mit Pfeffer, Paprika und Salz abschme-
cken.

Den Kabeljau mit Zitronensaft beträufeln, mit Salz und Pfeffer
würzen, auf die Sauce legen und zugedeckt ca. 10 Minuten
dünsten.

Zutaten
2 Portionen

150 g Champignons
2 Knoblauchzehen
150 g Lauch
3 EL Olivenöl
Salz
Pfeffer
6 Endivienblätter
20 g Butter
300 g Tomaten
2 Zwiebeln
1 Bund Dill
Paprikapulver
400 g Kabeljaufilet
2 EL Zitronensaft

Pro Portion	Kcal	KJ	Fett	Eiweiß	KH
Gesamt ca.	361,0	1513,3	16,6	41,0	8,7

Krabben
mit Weintrauben

Zutaten
2 Portionen

2 Salatblätter
100 g Weintrauben
300 g Krabben
150 g saure Sahne 10%
1 EL Tomatenketchup
2 EL Limettensaft
Pfeffer
Salz
Süßstoff
30 g süße Mandeln, geraspelt
Petersilie

Die Salatblätter waschen, gut abtropfen lassen und in zwei Gläser auslegen.

Die Weintrauben waschen, halbieren und entkernen.

Krabben unter kaltem Wasser waschen und abtropfen lassen.

Saure Sahne mit Ketchup, Limettensaft, Pfeffer, Salz und einem kleinen Spritzer Süßstoff verrühren.

Die Krabben und die Mandeln vorsichtig unter die Sauce mischen und in die Gläser füllen.

Mit einem Petersilienzweig garnieren.

Pro Portion	Kcal	KJ	Fett	Eiweiß	KH
Gesamt ca.	317,0	1325	16,8	30,8	8,7

Jakobsmuscheln auf Zucchiniragout

Die Zucchini waschen, putzen und würfeln.
Zwiebel und Knoblauchzehe schälen, klein schneiden und in
1 EL heißem Olivenöl glasig dünsten.
Gemüsebrühe und 2 EL Sahne zufügen und ca. 10 Minuten zu
einem sämigen Ragout einkochen.
Tomaten blanchieren, häuten und in kleine Würfel schneiden.
Petersilie hacken.
Beides dem Zucchinigemüse zugeben und mit Salz und Pfeffer
abschmecken.
Die Jakobsmuscheln waschen, mit Küchenkrepp sehr gut trock-
nen, salzen und pfeffern.
Olivenöl erhitzen und die Muscheln ca. 2 Minuten bei sehr großer
Hitze von allen Seiten braun anbraten. Warm stellen.

Die Butter und gehackte Schalotte in den Bratenfond geben,
glasig dünsten, mit 2 EL Sahne, Zitronensaft, Zimt, Estragon, Pfeffer
und Salz würzen, kurz aufkochen lassen.

Die Jakobsmuscheln in der Sauce wälzen und sofort mit dem
Ragout servieren.

Zutaten
2 Portionen

300 g Zucchini
1 Zwiebel
1 Knoblauchzehe
2 EL Olivenöl
125 ml Gemüsebrühe
4 EL Sahne
2 Fleischtomaten
1 Bund Petersilie
Salz
Pfeffer
200 g Jakobsmuscheln
20 g Butter
1 Schalotte
1 TL Zitronensaft
Zimt
1/2 TL Estragon

Pro Portion	Kcal	KJ	Fett	Eiweiß	KH
Gesamt ca.	330,7	1386	21,7	21,3	9,8

Zanderfilet
auf Möhrengemüse

Zutaten
2 Portionen

400 g Möhren
15 g Ingwer
15 g Butter
100 ml Geflügelbrühe
3 EL Sahne
1 Bund Petersilie
Kurkuma
Pfeffer
Salz
400 g Zanderfilet, mit Haut
1 EL Zitronensaft
1 EL Mehl
20 g Butterschmalz

Die Möhren und den Ingwer schälen und in Würfel schneiden.

Die Butter in einem Topf zerlassen, die Möhren darin andünsten und mit der Geflügelbrühe ablöschen.

Den Ingwer hinzufügen und das Gemüse bissfest garen. Die Sahne zugeben und noch einmal aufkochen lassen.

Das Gemüse mit fein gehackter Petersilie mischen, mit Kurkuma, Pfeffer und Salz würzen.

Den Fisch mit Zitronensaft beträufeln, salzen, im Mehl wenden und in heißem Butterschmalz auf jeder Seite ca. 4 Minuten goldgelb braten.

Den Fisch mit den Möhren auf einem Teller anrichten, mit Zitronenscheiben und einem Petersilienzweig garnieren.

Pro Portion	Kcal	KJ	Fett	Eiweiß	KH
Gesamt ca.	367,5	1842	15,5	41,7	9,8

Forellenfilet
auf Rote Bete

Die gekochte Rote Bete in kleine Würfel schneiden.

Cornichons, Schalotte, Petersilie und Kapern fein hacken.

Die Forellenfilets im Backofen bei 100 Grad leicht erwärmen.

Saure Sahne mit Sherryessig, Worcestersauce, Pfeffer und Salz verrühren.

Rote Bete und die übrigen Zutaten mit der Marinade vermengen.

Das Gemüse auf einem Teller anrichten, das warme Forellenfilet darauflegen.

Mit Limettenscheiben und Petersilie garnieren.

Zutaten
2 Portionen

200 g Rote Bete, gekocht
4 Cornichons
1 Schalotte
1 Bund Petersilie
20 g Kapern
2 Forellenfilets, geräuchert
2 EL saure Sahne 10%
1 EL Sherryessig
1 TL Worcestersauce
Pfeffer
Salz
1 Limette

Pro Portion	Kcal	KJ	Fett	Eiweiß	KH
Gesamt ca.	170,2	712	8,9	21,3	7,5

GEMÜSE

Gefüllte Champignons

Zutaten
2 Portionen

12 große braune Champignons
1 Zwiebel
3 Knoblauchzehen
1 EL Olivenöl
250 g frischer Spinat
Salz
Pfeffer
Muskat

Die Champignons waschen, die Pilzstiele herausnehmen und fein hacken.

Zwiebel und Knoblauch schälen, in kleine Würfel schneiden.

Olivenöl in einer Pfanne erhitzen, Zwiebel, Knoblauch und Pilzstiele zugeben und andünsten.

Spinat gut waschen, tropfnass in die Pfanne geben, dann dünsten bis er eingefallen ist, mit Salz, Pfeffer und Muskat würzen.

Die Spinatmischung in die Champignonköpfe füllen, auf eine feuerfeste Platte setzen und im Backofen bei 250 Grad ca. 15 Minuten garen.

Pro Portion	Kcal	KJ	Fett	Eiweiß	KH
Gesamt ca.	89,3	374	5,5	6,0	3,2

Möhren
im Serranomantel

Die Möhren putzen, waschen und in kochendem Salzwasser ca. 5 Minuten garen.

Abgießen, kalt abschrecken und gut abtropfen lassen.

Orange auspressen, den Saft mit Essig, Senf, etwas Süßstoff, Pfeffer, Salz und Olivenöl verrühren.

Den Rucola putzen, waschen und auf Teller anrichten.

Jede Möhre mit einer Scheibe Serranoschinken umwickeln und auf dem Rucola anrichten.

Alles mit der Vinaigrette beträufeln und mit einer Orangenscheibe garnieren.

Zutaten
2 Portionen

10 Möhren
1 Orange
1 EL Weißweinessig
1 TL Senf
Süßstoff
Pfeffer
Salz
1 EL Olivenöl
50 g Rucola
10 Scheiben Serranoschinken

Pro Portion	Kcal	KJ	Fett	Eiweiß	KH
Gesamt ca.	159,5	627	9,3	2,0	7,2

Spargelcocktail
mit Grapefruit

Zutaten
2 Portionen

250 g frischer Spargel
1 Grapefruit
1 Orange
Salatblätter
3 EL Sauerrahm 10%
1 EL Tomatenketchup
Curry
Pfeffer
Salz

Den Spargel schälen, in 2 bis 3 cm lange Stücke schneiden und in kochendem Salzwasser ca. 5 Minuten garen.

Die Grapefruit und Orange dick schälen, das Fruchtfleisch herauslösen und in Stücke schneiden.

Sauerrahm mit Tomatenketchup, Curry, Pfeffer und Salz verrühren.

Spargelstücke, Grapefruit und Orange mischen und mit der Marinade vermengen.

Die Glasschalen mit Salatblättern auslegen und mit dem Spargelcocktail füllen.

Mit einer Orangenscheibe und Minzeblatt garnieren.

Pro Portion	Kcal	KJ	Fett	Eiweiß	KH
Gesamt ca.	75,0	310	1,8	3,3	8,9

Zuckerschoten-
Spargel-Tellersülze

Die Zuckerschoten putzen, den Spargel schälen und in kleine
Stücke schneiden.

Beides in kochendem Salzwasser ca. 5 Minuten garen.

Radieschen putzen und in Scheiben schneiden.

Geflügelfond aufkochen und mit Balsamico, etwas Süßstoff,
Pfeffer, Koriander und Salz abschmecken.

Die Gelatine einweichen, ausdrücken und im heißen Fond
auflösen.

Die Radieschen und das Gemüse in tiefe Teller verteilen, mit
dem Geflügelfond begießen und im Kühlschrank fest werden
lassen.

Zutaten
2 Portionen

125 Zuckerschoten
125 weißer Spargel
6 Radieschen
500 ml Geflügelfond
2 EL Balsamico Bianco
Süßstoff
Pfeffer
Koriander
Salz
6 Blatt weiße Gelatine

Pro Portion	Kcal	KJ	Fett	Eiweiß	KH
Gesamt ca.	301,6	1227	2,5	30,3	7,6

Sellerie
in Parmesankruste

Zutaten
2 Portionen

2 kleine Sellerieknollen
1 Zitrone, Saft
2 Eigelb
3 EL Sauerrahm 10%
Pfeffer
Salz
Muskat
80 g Parmesan, gerieben
4 EL Olivenöl

Die Sellerie schälen, halbieren und in dicke Scheiben schneiden.

Das Gemüse in kochendem, gesalzenem Zitronenwasser ca. 5 Minuten blanchieren.

Danach auf Küchenkrepp abtropfen lassen.

Das Eigelb verquirlen, Sauerrahm zufügen und mit Pfeffer, Salz und Muskat würzen.

Die Selleriescheiben zuerst in der Eimischung, danach im Parmesan wenden.

Das Olivenöl in einer beschichteten Panne erhitzen, die Selleriescheiben goldgelb ausbacken und auf Küchenkrepp abtropfen lassen.

Heiß servieren.

Pro Portion	Kcal	KJ	Fett	Eiweiß	KH
Gesamt ca.	307,6	1288	24,7	16,7	2,9

Zarter Möhrenflan
mit Minze

Die Möhren putzen, in Scheiben schneiden und in kochendem Salzwasser ca. 8 Minuten garen.

Die Möhren pürieren und mit Salz, Pfeffer und Chilipulver kräftig würzen.

Pfefferminze klein hacken und mit dem Sauerrahm und dem Ei unter die Möhren rühren.

Flanförmchen oder Tassen mit der Butter einfetten und mit dem Möhrenpüree füllen.

Die Förmchen in einen mit heißem Wasser gefüllten Topf stellen, zudecken und bei mittlerer Hitze ca. 25 Minuten stocken lassen.

Den gestürzten Flan auf Teller anrichten und mit einem Minzeblatt garnieren.

Zutaten
2 Portionen

250 g Möhren
Salz
Pfeffer
1 TL Chilipulver
Pfefferminze
3 EL Sauerrahm 10%
1 Ei
10 g Butter

Pro Portion	Kcal	KJ	Fett	Eiweiß	KH
Gesamt ca.	122,4	513	7,6	5,5	7,8

Rosenkohl
mit Mandeln

Zutaten
2 Portionen

250 g Rosenkohl
1 Zwiebel
1 Apfel
20 g Mandelblättchen
10 g Butter
1 EL Balsamico Bianco
Muskat
Pfeffer
Salz

Den Rosenkohl putzen, waschen und in kochendem Salzwasser ca. 15 Minuten garen.

Zwiebel schälen und fein hacken.

Den Apfel schälen, halbieren, entkernen und in kleine Würfel schneiden.

Die Mandelblättchen in einer Pfanne ohne Fett leicht anrösten.

Apfelstücke und Zwiebeln in der zerlassenen heißen Butter ca. 3 Minuten dünsten.

Rosenkohl zugeben, mit Balsamico, Muskat, Pfeffer und Salz abschmecken.

Den Rosenkohl anrichten und mit den Mandelblättchen garnieren.

Pro Portion	Kcal	KJ	Fett	Eiweiß	KH
Gesamt ca.	159,0	657	10,1	7,6	8,8

Artischocken
mit Knoblauchdip

Die Artischocken werden zunächst im Ganzen kalt abgespült.

Dann kommt ein kleiner Kraftakt: Den Stiel abbrechen, am besten über einer Tischkante.
Nur durch das Abbrechen lösen sich die harten, ungenießbaren Fasern vom Boden.

Danach die äußeren Blätter der Artischocke mit Messer oder Schere abschneiden.
Schnittstellen immer zügig mit Zitronensaft beträufeln, da sie sich sonst verfärben.
In reichlich Salzwasser mit Zitronensaft zugedeckt ca. 30 bis 40 Minuten köcheln.
Wer sich nicht sicher ist, ob die Artischocken gar sind, sollte ein Blatt herauszupfen. Sie sind gar, wenn sich die Blätter leicht lösen lassen.
Den Knoblauch schälen, pressen und mit dem Sauerrahm, Senf, Pfeffer und Salz verrühren.

Mit den Artischockenblättern anrichten.

Zutaten
2 Portionen

2 Artischocken
1 Zitrone, Saft
2 Knoblauchzehen
120 g Sauerrahm 10%
1 TL Senf
Pfeffer
Salz

Pro Portion	Kcal	KJ	Fett	Eiweiß	KH
Gesamt ca.	106,0	442	6,5	4,8	6,2

Karotten-Fenchel-Gratin

Zutaten
2 Portionen

250 g Fenchel
250 g Karotten
1 Frühlingszwiebel
10 g Butter
3 Walnüsse
1 Knoblauchzehe
125 g Sauerrahm 10%
1 Ei
Salz
Pfeffer
30 g geriebener Käse

Den Fenchel putzen, waschen und in Scheiben schneiden. Die Karotten schälen und in Scheiben schneiden, dann die Frühlingszwiebeln schälen und in Ringe schneiden.

Das Gemüse in kochendem Salzwasser zugedeckt ca. 6 Minuten vorgaren, in ein Sieb abgießen und abtropfen lassen. Eine Auflaufform mit der Butter ausfetten.

Die Walnüsse hacken, den Knoblauch schälen und durchpressen.
Sauerrahm, Ei, Knoblauch, Salz und Pfeffer verrühren.

Das Gemüse in die Auflaufform schichten, mit den Nüssen und Frühlingszwiebeln bestreuen, die Eier-Sahne-Marinade darüber gießen.
Mit Alufolie abdecken und im Backofen bei 200 Grad ca. 40 Minuten backen.

Für die letzten 5 Minuten Folie entfernen, mit dem Käse bestreuen und goldgelb überbacken.

Pro Portion	Kcal	KJ	Fett	Eiweiß	KH
Gesamt ca.	268,8	1123	18,3	14,3	10,5

Pastinakenrösti
mit Rucola

Die Pastinaken putzen, schälen und grob raspeln.

Die Zwiebel schälen, in Würfel schneiden und die Petersilie hacken.

Pastinaken, Zwiebel, Petersilie und Ei vermengen und mit Salz und Pfeffer abschmecken.

Das Olivenöl erhitzen, den Pastinakenteig esslöffelweise in die Pfanne setzen und flach drücken.

Die Rösti von beiden Seiten ca. 5 Minuten goldgelb ausbacken und auf einem Küchenkrepp abtropfen lassen.

Den gewaschenen Rucola auf einem Teller anrichten und die Pastinakenrösti darauf setzen.

Zutaten
2 Portionen

2 Pastinaken
1 Zwiebel
1 Bund Petersilie
1 Fi
Salz
Pfeffer
50 g Rucola
3 EL Olivenöl

Pro Portion	Kcal	KJ	Fett	Eiweiß	KH
Gesamt ca.	139,3	584	7,2	4,1	11,9

SALAT

Käse-Birnensalat

Zutaten
2 Portionen

1 reife Birne
1 EL Zitronensaft
1 Stange Lauch
1 weißer Chicorée
100 g Joghurt
100 g Sauerrahm 10%
1 EL Olivenöl
1 TL Senf
Pfeffer
Salz
60 g Tilsiter
1 Limette, unbehandelt

Die Birne schälen, halbieren, das Kerngehäuse entfernen und in dünne Scheiben schneiden.

Sofort mit dem Zitronensaft beträufeln.

Den Lauch putzen, waschen und in dünne Ringe schneiden. In heißem Salzwasser 30 Sekunden blanchieren.

Den Chicorée putzen, waschen und in Ringe schneiden.

Aus Joghurt, Sauerrahm, Öl, Senf, Salz und Pfeffer eine Marinade herstellen.

Den Tilsiter in schmale Streifen schneiden.

Birnen, Käse, Chicorée und Lauch in die Sauce geben und mischen. Ca. 15 Minuten ziehen lassen.

Auf einer Platte anrichten und mit Limettenscheiben garnieren.

Pro Portion	Kcal	KJ	Fett	Eiweiß	KH
Gesamt ca.	269,9	1129	15,9	14,6	14,7

Kohlrabi-Kressesalat

Die Radieschen waschen, putzen und in dünne Streifen schneiden.

Die Schalotten schälen und in schmale Ringe schneiden.

Den Kohlrabi schälen, vierteln und in feine Streifen schneiden.

Balsamico, Olivenöl, Salz und Pfeffer verrühren.

Das Gemüse mischen, die Salatsauce unterheben und alles ca. 10 Minuten ziehen lassen.

Die Kresse waschen, gut abtropfen lassen und unmittelbar vor dem Servieren unter den Salat mischen.

Mit Radieschenscheiben garnieren.

Zutaten
2 Portionen

1 Bund Radieschen
60 g Schalotten
1 Kohlrabi (ca. 300g)
1 EL Balsamico
2 EL Olivenöl
Pfeffer
Salz
1 Bund Kresse

Pro Portion	Kcal	KJ	Fett	Eiweiß	KH
Gesamt ca.	112,1	460	5,7	5,4	8,9

Bunter Salat

Zutaten
2 Portionen

1 Apfel
100 g Feldsalat
100 g Rucola
1 Karotte
6 Kirschtomaten
1 Eichblattsalat
1/2 gelbe Paprikaschote
200 g Magerjoghurt
3 EL Orangensaft
1 EL Zitronensaft
2 EL Olivenöl
Weißer Pfeffer
Salz

Den Apfel schälen, halbieren, entkernen und in feine Scheiben schneiden.

Feldsalat und Rucola putzen, waschen und gut abtropfen lassen.

Die Karotte schälen und in dünne Scheiben schneiden. Die Kirschtomaten waschen und halbieren.

Eichblattsalat putzen, waschen und in der Salatschleuder trocken schleudern.

Die Paprikaschote waschen, halbieren, entkernen und in schmale Streifen schneiden.

Für das Dressing Joghurt, Orangensaft, Zitronensaft, Olivenöl, Pfeffer und Salz verrühren.

Alles auf einer großen Platte anrichten und mit der Salatsauce beträufeln.

Pro Portion	Kcal	KJ	Fett	Eiweiß	KH
Gesamt ca.	194,7	815	10,9	9,0	13,9

Spinatsalat

Spinat waschen, gut abtropfen lassen und in mundgerechte Stücke schneiden.

Den Speck würfeln und mit den gehackten Zwiebeln anbraten. Die Orange schälen und in Scheiben schneiden.

Den Apfel schälen, halbieren, entkernen, in dünne Scheiben schneiden und mit Zitronensaft beträufeln.

Die Tomate kurz im kochenden Wasser blanchieren, enthäuten und das Fruchtfleisch in Streifen schneiden.

Aus Joghurt, saurer Sahne, zerdrücktem Knoblauch, Meerrettich, Ketchup, Dill, Pfeffer und Salz eine Marinade zubereiten.

Die hartgekochten Eier würfeln und mit den Salatzutaten unter die Sauce mischen.

Mit einer Orangenscheibe, Kirschtomate und Dillzweig garnieren.

Zutaten
2 Portionen

100 g frischer Spinat
50 g durchwachsener Speck
1 kleine Zwiebel
1 Orange
1 Apfel
1 EL Zitronensaft
1 Tomate
100 g Joghurt
100 g saure Sahne 10%
1 Knoblauchzehe
1/2 TL Meerrettich
1 EL Ketchup
1 EL Dill
Pfeffer
Salz
2 Eier, hart gekocht
1 Kirschtomate

Pro Portion	Kcal	KJ	Fett	Eiweiß	KH
Gesamt ca.	326,6	1525	24,7	12,5	12,9

Eichblattsalat

Zutaten
2 Portionen

1 Eichblattsalat
1/2 Avocado
1/2 Mango
50 g geräucherter Speck
25 g Walnüsse
1 EL Balsamico
2 EL Olivenöl
Pfeffer
Salz

Den Eichblattsalat putzen, waschen und in der Salatschleuder trocken schleudern.

Die Avocado und die Mango schälen, halbieren, den Kern herauslösen und in feine Scheiben schneiden.

Den Speck in schmale Streifen schneiden und in einer Pfanne knusprig braten.

Aus Olivenöl, Balsamico, Pfeffer und Salz ein Dressing herstellen.

Die Walnüsse knacken und zerkleinern.

Den Salat auf einer Platte anrichten, die Avocado- und Mangostücke darauf verteilen.

Die Walnüsse und den Speck darüber streuen und die Salatsauce darüber gießen.

Pro Portion	Kcal	KJ	Fett	Eiweiß	KH
Gesamt ca.	399,0	1657	38,1	5,11	7,84

Spargel-Eiersalat

Den Spargel putzen, schälen, in 5 cm lange Stücke schneiden und in heißem Salzwasser nicht zu weich kochen.

Zwiebel schälen und in feine Ringe schneiden, die Mandarinenspalten abtropfen lassen.

Für die Sauce Sauerrahm, Zitronensaft, Senf, Pfeffer, Salz und etwas Süßstoff glatt rühren.

Den Knoblauch schälen und durch die Presse drücken, Basilikum hacken. Beides unter die Sauce mischen.

Die Eier schälen und in Spalten schneiden.

Spargel, Zwiebelringe, Mandarinen und Eispalten auf einen Teller anrichten und die Salatsauce darüber verteilen.

Mit einer Zitronenscheibe und einem Basilikumblatt garnieren.

Zutaten
2 Portionen

500 g frischer Spargel
1 kleine Zwiebel
150 g Mandarinen ohne Zucker
     (Dose)
4 FL Sauerrahm 10%
1 EL Zitronensaft
1 TL Senf
Weißer Pfeffer
Salz
Süßstoff
1 Knoblauchzehe
4 Basilikumblättchen
2 Eier, hart gekocht
2 Zitronenscheiben

Pro Portion	Kcal	KJ	Fett	Eiweiß	KH
Gesamt ca.	161,1	863	6,9	9,9	13,9

Zucchinisalat

Zutaten
2 Portionen

1 Zucchini
1 Apfel
50 g Mais (Dose)
50 g gekochter Schinken
50 g Emmentaler
Schnittlauch
100 g saure Sahne 10%
1 Limette, Saft
Salz
Pfeffer
Süßstoff

Die Zucchini putzen, waschen, den Apfel schälen, halbieren, entkernen und beide grob raspeln.

Mais in einem Sieb abtropfen lassen.

Schinken und Emmentaler in feine Streifen und den Schnittlauch in Röllchen schneiden.

Für das Dressing saure Sahne, 1 EL Limettensaft, Salz, Pfeffer und einen Spritzer Süßstoff verrühren.

Alle Zutaten mit der Marinade mischen und in tiefen Tellern oder Glasschalen anrichten.

Mit Zucchini und einer Limettenscheibe garnieren.

Pro Portion	Kcal	KJ	Fett	Eiweiß	KH
Gesamt ca.	248,7	1040	14,4	16,4	11,7

Schichtsalat

Den Lauch putzen, waschen, in feine Ringe schneiden und kurz in heißem Salzwasser planchieren.

Die hart gekochten Eier in Scheiben und den Schinken in Streifen schneiden.

Mais, Ananas, Selleriestreifen gut abtropfen lassen, die Ananas in kleine Stücke schneiden.

Den Apfel schälen, halbieren, entkernen und in Spalten schneiden. Schnittlauch in Röllchen schneiden.

Für das Dressing saure Sahne, Limettensaft, Salz und Pfeffer verrühren.

Die ganzen Salatzutaten nacheinander in 2 Gläser schichten, Dressing über den Salat geben und etwas ziehen lassen.

Mit Eischeiben und Schnittlauch garnieren.

Zutaten
2 Portionen

1 Stange Lauch
2 Eier, hart gekocht
60 g gekochter Schinken
100 g Mais (Konserve)
4 Scheiben Ananas ohne
    Zucker (Dose)
50 g Selleriestreifen (Glas)
1 Apfel
1/2 Bund Schnittlauch
100 g saure Sahne 10%
1 EL Limettensaft
Salz
Pfeffer

Pro Portion	Kcal	KJ	Fett	Eiweiß	KH
Gesamt ca.	239,9	1192	10,7	15,0	15,9

Blumenkohlsalat

Zutaten
2 Portionen

1/2 Blumenkohl
1 Brokkoli
1 Knoblauchzehe
1 kleine Zwiebel
1 EL Zitronensaft
1 Prise Kreuzkümmel, gemahlen
1 Prise Cayennepfeffer
1/2 TL Paprikapulver
Süßstoff
2 EL Olivenöl
Frische Minze

Den Blumenkohl und Brokkoli waschen, putzen und in einzelne Röschen zerlegen.
In zwei Töpfe reichlich Wasser geben, salzen, erhitzen.

Den Blumenkohl ca. 6 Minuten, den Broccoli ca. 4 Minuten köcheln lassen.

Das Gemüse abgießen, unter kaltem Wasser kurz abschrecken und gut abtropfen lassen.

Den Knoblauch und die Zwiebel abziehen und fein schneiden.

Aus Zitronensaft, Kreuzkümmel, Cayennepfeffer, Paprikapulver, einem kleinen Spritzer Süßstoff und Olivenöl eine Marinade anrühren.

Knoblauch, Zwiebel und gehackte Minze zugeben und etwas ziehen lassen.

Das lauwarme Gemüse auf zwei Tellern anrichten und mit der Marinade übergießen.

Pro Portion	Kcal	KJ	Fett	Eiweiß	KH
Gesamt ca.	154,4	645	10,6	6,6	6,8

Feinschmeckersalat

Die Blattsalate putzen, waschen und gut abtropfen lassen.

Paprika putzen, entkernen und in feine Streifen schneiden.

Radieschen und Eier vierteln, Kirschtomaten und Champignons halbieren.

Die Avocado halbieren, schälen, den Kern entfernen und in schmale Streifen schneiden.

Die Blattsalate locker auf zwei Tellern anrichten und die restlichen Zutaten darüber verteilen.

Für das Dressing Balsamico, Olivenöl, Salz und Pfeffer verrühren und den Salat damit beträufeln.

Mit Schnittlauchröllchen garnieren,

Zutaten
2 Portionen

1/2 Kopf Lollorosso
1/2 Kopf Eichblattsalat
1/2 Paprikaschote
6 Radieschen
2 Eier, hart gekocht
6 Kirschtomaten
60 g Champignons
1/2 Avocado
2 EL Balsamico
2 EL Olivenöl
Salz
Pfeffer
Schnittlauch
6 Sardellenfilets

Pro Portion	Kcal	KJ	Fett	Eiweiß	KH
Gesamt ca.	324,6	1528	25,4	17,4	4,2

Sauerkrautsalat

Zutaten
2 Portionen

100 g Sauerkraut
100 g Rotkraut
1 Birne
100 g Lauch
100 g Sauerrahm 10%
Salz
Pfeffer
Kümmel, gemahlen
30 g Walnüsse

Das Sauerkraut kurz mit kaltem Wasser abspülen, gut abtropfen lassen und etwas kleiner schneiden.

Rotkraut putzen, halbieren, den Strunk entfernen und in feine Streifen schneiden.

Die Birne schälen und würfeln, den geputzten Lauch in dünne Streifen schneiden. Walnüsse klein hacken.

Den Sauerrahm mit Salz, Pfeffer und Kümmel abschmecken. Die gehackten Walnüsse zugeben.

Sauerkraut, Rotkraut und Lauch mit der Marinade vermengen.

Den Salat in zwei Schälchen füllen und mit Walnusshälften und Birnenscheiben garnieren.

Pro Portion	Kcal	KJ	Fett	Eiweiß	KH
Gesamt ca.	201,2	841	13,3	6,1	12,9

Fenchelsalat

Den Fenchel und den Weißkohl putzen, halbieren, Strunk entfernen und in sehr feine Streifen schneiden.

Den Rucola und die Trauben waschen.

Radicchio waschen, abtropfen lassen, Zwiebel schälen und beides in schmale Streifen schneiden.

Aus Apfelessig, Olivenöl, einem kleinen Spritzer Süßstoff, Salz und Pfeffer ein Dressing herstellen.

Die Salatzutaten mit der Marinade vermengen und auf zwei Tellern anrichten.

Den Ziegenfrischkäse würfeln, auf dem Salat verteilen und mit einem Petersilienzweig garnieren.

Zutaten
2 Portionen

200 g Fenchel
100 g Weißkohl
20 g Rucola
100 g weiße kernlose Trauben
1 kleiner roter Radicchio
1 kleine Zwiebel
2 EL Apfelessig
2 EL Olivenöl
Süßstoff
Salz
Pfeffer
60 g Ziegenfrischkäse
Petersilie

Pro Portion	Kcal	KJ	Fett	Eiweiß	KH
Gesamt ca.	200,8	837	12,0	9,5	12,9

Sellerie-Apfelsalat

Zutaten
2 Portionen

100 g weiße und blaue
Trauben
1 Apfel
200 g Sellerieknolle
100 g Sauerrahm 10%
2 EL Limettensaft
1 EL Olivenöl
Cayennepfeffer
Salz
Süßstoff
20 g Haselnüsse, gehackt
Petersilie

Die Trauben und den Apfel waschen, halbieren und entkernen.

Die Sellerieknolle schälen und mit dem Schnitzelwerk sehr
fein raspeln, den Apfel reiben.

Aus Sauerrahm, Limettensaft, Olivenöl, Cayennepfeffer,
Salz und einem Spritzer Süßstoff eine Salatsauce rühren.

Sellerie, Trauben und den Apfel mit dem Salatdressing
vermengen.

Den angemachten Salat in zwei Glasschälchen füllen und
mit den gehackten Haselnüssen und einem Zweig Petersilie
garnieren.

Pro Portion	Kcal	KJ	Fett	Eiweiß	KH
Gesamt ca.	241,1	1009	13,4	5,4	16,9

Gurken-Melonensalat

Die Salatgurke waschen und in sehr dünne Scheiben hobeln.

Die Honigmelone halbieren, schälen, entkernen und in kleine Würfel schneiden.

Dill waschen, trocken schütteln und fein hacken.

Den Sauerrahm mit 3 EL Limettensaft, Dill, Pfeffer und Salz verrühren.

Gurke und Melone vorsichtig mit dem Dressing mischen.

Den Salat in eine Schale füllen, mit je einer Limetten- und Gurkenscheibe garnieren.

Mit einem Melissenblatt krönen.

Zutaten
2 Portionen

1 Salatgurke
1/2 Honigmelone
Dill
100 g Sauerrahm 10%
1 Limette, Saft
Weißer Pfeffer
Salz
1 Melissenzweig

Pro Portion	Kcal	KJ	Fett	Eiweiß	KH
Gesamt ca.	101,8	428	5,2	2,6	9,8

DESSERT

Gorgonzola-Birne

Zutaten
2 Portionen

50 g Birne
50 g Honigmelone
100 g weicher Gorgonzola
1 Limette, Saft
20 g Quark
Weißer Pfeffer
4 Scheiben Honigmelone
1 Limettenscheibe
2 Minzeblätter

Birne und Honigmelone in kleine Stücke schneiden.

Den Gorgonzola mit einer Gabel zerdrücken, dann den Quark zugeben und mischen.

Mit einem TL Limettensaft und Pfeffer abschmecken. Birnen und Melonenstücke untermischen.

Die Melonenscheiben auf 2 Teller verteilen und die Gorgonzolamischung darauf portionieren.

Mit einer Limettenscheibe und einem Minzeblatt dekorieren.

Man kann auch eine andere Melonenart verwenden.

Pro Portion	Kcal	KJ	Fett	Eiweiß	KH
Gesamt ca.	220,0	923	12,7	11,3	14,8

Apfelschaum

Die Äpfel schälen, halbieren, entkernen und in kleine Stücke schneiden.

In einen Topf mit 5 EL Wasser geben und weich dünsten, bis das Wasser verdampft ist. Mit einem Pürierstab pürieren, mit Limettensaft, Süßstoff und Zimt abschmecken.

Kalt stellen.

Die Mandeln in einer beschichteten Pfanne goldgelb rösten.

Die 2 Eiweiß steif schlagen, das kalte Apfelpürree unterheben und in 2 Glasschalen füllen.

Die gerösteten Mandeln darüberstreuen und mit einer Limettenscheibe dekorieren.

Zutaten
2 Portionen

2 große Äpfel
5 EL Wasser
1 Limette, Saft
Süßstoff
Zimt
20 g Mandeln, geraspelt
2 Eiweiß
2 Limettenscheiben

Pro Portion	Kcal	KJ	Fett	Eiweiß	KH
Gesamt ca.	109,9	460,2	5,4	4,4	11,7

Rhabarber-Creme

Zutaten
2 Portionen

100 g Rhabarber
Süßstoff
1/4 l Milch
1/2 Päckchen Vanillepudding
2 Eiweiß
Zimt
2 Erdbeeren
Minzeblätter

Den Rhabarber schälen und in Stücke schneiden.
In einen Topf mit wenig Wasser geben und ca. 3 Minuten
weich dünsten. Mit etwas Süßstoff abschmecken und abkühlen lassen.

4 EL kalte Milch mit dem Vanillepudding anrühren und etwas
Süßstoff zugeben.

Restliche Milch zum Kochen bringen, das aufgelöste Vanille-
pulver einrühren, kurz aufkochen, vom Herd nehmen und
abkühlen lassen. Ab und zu etwas umrühren, damit sich keine
Haut bildet.

In das Eiweiß etwas Zimt geben und steif schlagen.
Rhabarber, Vanillepudding und Eischnee miteinander
mischen und in Glasschalen füllen.

Mit Erdbeerscheiben und einem Minzeblatt dekorieren.

Pro Portion	Kcal	KJ	Fett	Eiweiß	KH
Gesamt ca.	108,8	455	0,2	5,3	6,8

Fruchtspieße

Die Erdbeeren und Kirschen waschen und halbieren.
Die Mandarine schälen und filetieren.
Die Kiwi schälen, halbieren und in Scheiben schneiden.
Die Mango schälen und das Fruchtfleisch in große Stücke
schneiden.
Trauben waschen und trocken tupfen.

Die Früchte im Wechsel auf ein Holzspieß stecken.
Einen Topf mit Wasser zum Kochen bringen

In einer Schüssel die Eigelbe, Süßstoff, Zimt, Limettenschale
und den Wein mit einem Schneebesen schaumig schlagen.
Die Schüssel ins heiße Wasserbad stellen. Den Inhalt unter
ständigem Schlagen zu einer Creme werden lassen. Es darf
möglichst kein Wasser vom Wasserbad in die Creme spritzen.
Ebenso aufpassen muss man, dass die Süßspeise nicht zum
Kochen kommt. Sie könnte sonst gerinnen.

Die Schüssel mit der Creme von der Kochstelle nehmen und
bis zum Abkühlen ständig weiter schlagen.

In Portionsschälchen füllen und mit den Fruchtspießen servieren.

Zutaten
2 Portionen

4 große Erdbeeren
4 Kirschen
1 Mandarine
4 kernlose Trauben
1 Kiwi
50 g Mango
3 Eigelb
4 EL Weißwein
Limettenschale
Zimt
Süßstoff
2 Orangenscheiben

Pro Portion	Kcal	KJ	Fett	Eiweiß	KH
Gesamt ca.	99,6	415	2,9	11,8	12,9

Orangen-Creme

Zutaten
2 Portionen

3 Orangen
2 EL Orangenlikör
Süßstoff
3 Blatt Gelatine
100 g Sahne
2 Mandarinenscheiben

Die Orangen schälen und zusammen mit dem Orangenlikör und Süßstoff in einem Mixer pürieren.

Gelatineblätter in kaltem Wasser einige Minuten einweichen, bis sie richtig weich sind. Überschüssiges Wasser ausdrücken.

Die eingeweichte Gelatine in einen Topf geben und vorsichtig erwärmen, bis sie sich verflüssigt hat. Nun gibt man ein bis zwei Esslöffel der kalten Creme zur Gelatine und rührt kräftig durch.

Die Creme-Gelatine-Masse anschließend mit der restlichen Creme vermischen und ca. 1 Stunde kalt stellen.

Die Sahne steif schlagen, die Orangencreme unterheben und in Glasschalen füllen.

Mit einer Mandarinenscheibe dekorieren.

Pro Portion	Kcal	KJ	Fett	Eiweiß	KH
Gesamt ca.	175,2	735	5,5	15,6	12,8

Vanille-Quark

Den Quark und das Mineralwasser mit einem Handrührgerät schaumig schlagen.

Das Vanillesaucenpulver und die Limettenschale zugeben und weiter schlagen, bis die Masse wunderbar leicht und locker ist.

Den Vanille-Quark abwechselnd mit den Himbeeren in 2 Glasschalen füllen.

Mit einer Himbeere und einem Minzeblatt dekorieren.

Zutaten
2 Portionen

250 g Quark
4 EL Mineralwasser mit
   Kohlensäure
20 g Vanillesaucenpulver
   kalt anzurühren
1 Limette, unbehandelt
100 g Himbeeren
2 Minzeblätter

Pro Portion	Kcal	KJ	Fett	Eiweiß	KH
Gesamt ca.	114,3	477	0,7	17,9	6,9

Nährwerte

	KH je 100 g
Geflügel	
Ente	0,0
Entenbrust (Barberie)	0,1
Gans	0,0
Huhn, Brathähnchen	0,0
Pute	0,0
Lamm und Hammelfleisch	
Brust	0,0
Filet	0,0
Keule	0,0
Kotelett	0,0
Lende	0,0
Muskelfleisch	0,0
Schnitzel	0,0
Kalbfleisch	
Brust	0,0
Filet	0,0
Haxe	0,0
Kotelett	0,0
Leber	4,0
Niere	0,8
Schnitzel	0,0
Zunge	0,9
Rindfleisch	
Corned beef	0,0
Filet	0,0
Leber	5,3
Muskelfleisch	0,0
Niere	0,9
Ochsenschwanz	0,0
Rinderschinken (Bresaola)	0,8
Zunge	0,4
Schweinefleisch	
Eisbein	0,0
Filet	0,0
Kamm	0,0
Kasseler	0,0
Keule	0,0
Kotelett	0,0
Leber	0,5
Mett	0,0
Niere	0,8
Schnitzel	0,0
Speck	0,0
Wild	
Hase	0,0
Hirsch	0,0
Reh	0,0
Wildschwein	0,0
Wurst / Schinken	
Bresaola	1,0
Debrecziner	0,5
Frankfurter Würstchen	0,5
Lachsschinken	1,0
Parmaschinken	0,2
Prosciuto	1,0
Rinderschinken	0,5
Salami	0,0
Schinken, gekocht	1,0
Schinkenwurst	1,0
Spianata	0,0
Weißwurst	0,7

	KH je 100 g
Wienerle	1,0
See-Fische	
Flunder	0,0
Goldbarsch	0,0
Heilbutt	0,0
Hering	0,0
Kabeljau-Filet	0,0
Makrele	0,0
Rotbarsch	0,0
Sardine	0,0
Scholle	0,0
Seehecht	0,0
Seelachs	0,0
Seezunge	0,0
Thunfisch	0,0
Muscheln / Meerestiere	
Austern	4,7
Garnelen	0,0
Hummer	0,0
Languste	1,1
Miesmuschel	0,2
Tintenfisch	0,0
Süßwasserfische	
Aal	0,0
Barsch	0,0
Brassen	0,0
Felchen	0,0
Forelle	0,0
Hecht	0,0
Karpfen	0,0
Lachs	0,0
Zander	0,0
Fischkonserven	
Aal, geräuchert	0,0
Bismackhering	0,0
Brathering	0,0
Bückling	0,0
Heringsfilet in Tomatensoße	2,4
Krebsfleisch, in Dosen	0,0
Lachs, in Öl	0,0
Lachs, geräuchert	0,0
Makrele, geräuchert	0,0
Ölsardinen	0,0
Salzhering	0,0
Sardellenfilet	0,0
Schillerlocken	0,0
Seeaal, geräuchert	0,0
Seelachs, in Öl	0,0
Thunfisch, in Öl	0,0
Thunfisch, in Wasser	0,0
Käse	
Appenzeller, 45% Fett i. Tr.	0,0
Bergkäse, 45% Fett i. Tr.	0,0
Bleu d'Auvergne, 50% Fett i. Tr.	0,0
Bleu de Bresse, 50% Fett i. Tr.	0,0
Brie, 50% Fett i. Tr.	0,0
Camembert, 45% Fett i. Tr.	0,0
Camembert, 60% Fett i. Tr.	0,0
Caverna, 50% Fett i. Tr.	1,0
Comte (President)	0,0
Edamer, 30% Fett i. Tr.	0,7
Edamer, 45% Fett i. Tr.	1,0

	KH je 100 g
Emmentaler, 45% Fett i. Tr.	0,5
Esrom, 45% Fett i. Tr.	1,0
Feta (dänisch)	1,0
Frischkäse mit Kräuter (Mibel)	3,0
Fromage blanc (Bibileskäse)	3,7
Fruchtquark, 20% Fett i. Tr.	15,2
Gorgonzola	0,0
Gouda, 40% Fett i. Tr.	0,0
Gruyère, 45% Fett i. Tr.	0,0
Harzer, Handkäse	0,0
Körniger Frischkäse	0,0
Leerdamer, 45% Fett i. Tr.	0,0
Limburger, 20% Fett i. Tr.	0,0
Limburger, 40% Fett i. Tr.	0,0
Lindenberger, 30% Fett i. Tr.	0,0
Lindenberger, 45% Fett i. Tr.	0,0
Maasdam, 45% Fett i. Tr.	0,0
Maaslander, 50% Fett i. Tr.	0,0
Mascarpone (Galbani)	4,0
Mozzarella (Cucina)	1,5
Parmesan, 32% Fett i. Tr.	0,0
Ricotta (Santa Lucia)	3,6
Romadur, 30% Fett i. Tr.	0,0
Schmelzkäse, 30% Fett i. Tr.	5,7
Schnittkäse (Roi de Treffle)	2,0
Speisequark, mager	4,0
Speisequark, 20% Fett i. Tr.	3,4
Topfen, bayr. Speisequark	2,9
Ziegen-Schnittkäse, (Jagibo)	0,0
Ziegen-Weichkäse, 45% Fett i. Tr.	0,0
Milchprodukte / Sahne	
Joghurt	4,3
Milch	4,9
Sahne	3,3
Schmand	3,4
Gemüse	
Aubergine	2,5
Avocado	6,2
Bleichsellerie	2,2
Blumenkohl	2,3
Bohnen, grün/frisch	5,1
Brokkoli	2,5
Champignons, Dose	0,5
Champignons, frisch	0,6
Chicorée	2,3
Chinakohl	1,2
Eisbergsalat	1,9
Endivien	1,1
Erbsen	10,6
Essiggurke	2,5
Feldsalat	0,7
Fenchel	2,8
Frühlingszwiebeln	3,0
Grünkohl	2,5
Gurken	1,8
Ingwer	11,0
Karotten	4,8
Kartoffel	14,9
Knoblauch	28,4
Kohlrabi	3,7
Kopfsalat	1,1
Lauch	3,2

Nährwerte

	KH je 100 g		KH je 100 g		KH je 100 g
Mangold	0,7	Heidelbeeren, tiefgefroren	19,0	Essig	0,7
Morcheln	0,5	Himbeeren	4,7	Gemüsebrühe (Instant)	0,0
Mungosprossen	4,7	Honigmelone	12,2	Paniermehl	69,0
Paprika	2,9	Johannisbeeren	5,0	Rinderbrühe (Instant)	0,6
Pepperoni (Glas)	2,5	Kirschen, frisch	13,3	Senf	0,5
Petersilie	7,3	Kiwi	9,1		
Pfeffer, grün / Glas	2,2	Limette	1,9		
Pfifferlinge	0,2	Mandarine	10,1		
Pfifferlinge in Dosen	0,2	Mango	12,6	Nährwerte unterliegen	
Radicchio	1,5	Melone (Wassermelone)	5,2	Schwankungen, bitte achten Sie	
Radieschen	2,0	Oliven, grün	1,9	auf die Angaben der Hersteller.	
Rettich	1,9	Oliven, schwarz	4,8		
Rhabarber	1,4	Orange	8,3		
Rosenkohl	3,3	Papaya	2,3		
Rote Bete	8,4	Pfirsich	9,3		
Rotkraut	3,2	Schattenmorellen (Glas)	6,3		
Rucola	2,1	Trauben, grün	15,1		
Sauerkraut	0,8	Wassermelone	8,3		
Schnittlauch	1,6	Zitrone	3,3		
Sellerie	2,3	Zitronensaft	2,3		
Sojasprossen	4,7	**Nüsse / Kerne**			
Spargel	2,2	Cashew-Nüsse	30,5		
Spargel in Dosen	1,0	Erdnüsse	7,1		
Spinat	0,6	Haselnüsse	11,4		
Spinat, tiefgefroren	0,5	Kürbiskerne	2,2		
Steinpilze	0,5	Macadamia	3,9		
Steinpilze, getrocknet	4,1	Mandeln	3,6		
Tomate	2,6	Mandeln, geröstet / gesalzen	9,1		
Weißkohl	4,2	Paranüsse	3,6		
Wirsing	2,4	Pekanüsse	4,4		
Zucchini	2,2	Pinienkerne	20,0		
Zwiebel	4,9	Walnüsse	12,0		
Obst		**Brot / Backwaren**			
Ananas, frisch	12,5	Brezel	46,4		
Apfel	11,6	Knäckebrot	64,2		
Bananen	22,1	Salzstangen	78,4		
Birne	12,4	Toastbrot	52,0		
Brombeeren	6,1	Vollkornbrot	38,2		
Grapefruit	7,4	Weißbrot	50,5		
Erdbeeren	5,6	**Verschiedenes**			
Heidelbeeren	6,0	Bindemittel, pflanzlich	0,0		

Notizen

Rezepte nach Kapiteln

Frühstück und Lunch

Suppen

Fleisch

Geflügel

Fisch und Meeresfrüchte

Gemüse

Salat

Dessert

Rezeptregister von A – Z

Impressum

Wichtige Information!
Dieses Buch ist kein medizinischer Ratgeber, sondern beruht
auf den eigenen Erfahrungen und Meinungen der Autorin.
Die Rezepte und Anregungen wurden nach bestem Wissen
erstellt. Die Autorin und der Verlag können keine Haftung
für eventuell mögliche Nachteile oder Schäden, gleich
welcher Art, übernehmen. Alle Hinweise und Denkanstöße
entbinden Sie nicht von Ihrer eigenen Verantwortung.

1. Auflage 2012
© 2012 Verlag Ernst Kaufmann, Lahr
Dieses Buch ist in der vorliegenden Form in Text und Bild
urheberrechtlich geschützt. Jede Verwertung ist ohne
Zustimmung des Verlags Ernst Kaufmann unzulässig und
strafbar. Dies gilt insbesondere für Nachdrucke,
Vervielfältigungen, Übersetzungen, Mikroverfilmungen
und die Einspeicherung und Verarbeitung in
elektronischen Systemen.
Fotografie, Layout, Gestaltung, Satz, Reproduktion:
Edeltraud Rückert
Cover: Linda Deschamps
Printed and bound by Leo Paper

ISBN 978-3-7806-9001-2